HISTOIRE

DE

Saint-Cyr-sur-Morin

ET DES

HAMEAUX ENVIRONNANTS

COMPRIS DANS LA GENSIVE DE L'ABBAYE DE JOUARRE

DEPUIS L'ÉPOQUE FÉODALE JUSQU'A NOS JOURS

PAR

GOMBERT-ALEXANDRE RÉTHORÉ

PUBLIÉE PAR LES SOINS DE

ED. DUBUISSON

PARIS
A. PICARD ET FILS
82, Rue Bonaparte

MEAUX
A. LE BLONDEL
2, Rue Saint-Remy

1896

GOMBERT-ALEXANDRE RÉTHORÉ

HISTOIRE

DE

Saint-Cyr-sur-Morin

ET DES

HAMEAUX ENVIRONNANTS

COMPRIS DANS LA CENSIVE DE L'ABBAYE DE JOUARRE

DEPUIS L'ÉPOQUE FÉODALE JUSQU'A NOS JOURS

PAR

GOMBERT-ALEXANDRE RÉTHORÉ

PUBLIÉE PAR LES SOINS DE

ED. DUBUISSON

PARIS
A. PICARD ET FILS
82, Rue Bonaparte

MEAUX
A. LE BLONDEL
2, Rue Saint-Remy

1896

PRÉFACE

Les notes que nous avons trouvées dans les papiers laissés par l'auteur nous ont fait connaître les motifs qui l'avaient déterminé à écrire l'histoire de Saint-Cyr.

Son grand-père, Louis-Nicolas Ricard, est né dans cette commune, au hameau de l'Hermitière, en 1769 et il voulait, en lui dédiant cet opuscule, acquitter une dette de reconnaissance envers un ancêtre auquel il devait une partie du bien-être dont il jouissait.

D'autre part, il était heureux de donner satisfaction au désir exprimé par l'un de ses meilleurs amis, le docteur Donon, qui a exercé la médecine à Saint-Cyr pendant plus de 30 ans, et qui l'avait sollicité d'entreprendre des recherches historiques sur cette localité.

Le travail était en partie achevé lorsque l'auteur, quelques jours avant sa mort, nous remit son manuscrit en exprimant le regret de n'avoir pu le faire imprimer.

Nous nous sommes donc fait un pieux devoir

de terminer cette étude afin de réaliser le dernier projet d'un parent que nous avons toujours vénéré.

Il eut été regrettable d'ailleurs de laisser dans l'oubli des recherches auxquelles M. Réthoré avait consacré plusieurs années de son existence.

Nous tenons à remercier tous ceux qui nous ont aidé à remplir notre tâche. En première ligne, nous devons citer M. Liénard, percepteur à Jouarre, ami dévoué de l'auteur, et lui donner un témoignage de reconnaissance pour son précieux concours. Puis M. Gaillet qui, avec une grande obligeance, s'est mis fréquemment à la disposition de l'auteur pour lui faciliter ses recherches dans les archives de Saint-Cyr. Enfin M. Richard, qui nous a communiqué des renseignements statistiques fort intéressants.

Nous espérons que les habitants de la commune de Saint-Cyr accueilleront avec bienveillance le travail de M. Réthoré. Ils y verront la part prise par leurs ancêtres dans l'œuvre d'amélioration sociale poursuivie si laborieusement au travers des siècles et, s'inspirant de ces salutaires exemples, ils s'efforceront à leur tour de préparer pour leurs descendants un avenir meilleur.

Ed. DUBUISSON.

AVERTISSEMENT

Pour écrire les pages qui vont suivre, l'auteur s'est servi de documents dont il n'indique la source que lorsque les pièces proviennent des Archives nationales ou départementales. Chaque fois que M. Réthoré à utilisé ses documents personnels, il n'a pas toujours cru devoir le mentionner au lecteur et nous tenons à en faire ici l'observation, pour répondre à certaines questions qui nous ont été posées par les éditeurs au moment de l'impression du livre.

Les noms de certaines personnes et de plusieurs localités ne sont pas toujours écrits dans cette histoire de la même manière; l'auteur ayant, dans chaque chapitre, conservé l'orthographe adoptée à l'époque dont il s'occupe ou déterminée par le document dont il parle.

En tête des quatre chapitres traitant de Goins, de Brise-Brèche, des Armenats et du Ru-de-Veron, M. Réthoré n'a pas voulu reproduire l'orthographe précédente qui est celle adoptée par l'Annuaire des Postes. Il a écrit : Gouin, Briche-Brèche, Armenas, Ru-de-Verou, voulant protester contre l'usage, consacré par un document officiel, qui a modifié ces noms sans aucun motif. En ce qui concerne notamment le Ru-de-Verou nous avons été surpris de voir ce nom écrit : Ru-de-Veron dans l'Annuaire des Postes, car cette dénomination n'a jamais été adoptée par personne dans la localité.

Les mêmes désaccords existent entre les cartes modernes. C'est ainsi que sur le plan que nous donnons de St-Cyr notre dessinateur à écrit : La Mairesse et Brise-Bèche conformément au document lui servant de modèle. L'Annuaire des Postes porte : la Meresse et Brise-Brèche.

L'auteur n'est d'accord avec ce document officiel, qu'en ce qui concerne la première localité qu'il écrit également : La Meresse.

Ed. D.

ERRATA

Page 1, ligne 4, lire : *Saacy* au lieu de *Sacy*.
Page 1, ligne 17, lire : *Saacy* au lieu de *Sacy*.
Page 3, ligne 30, lire : l'*Hermitière* au lieu de *Lhermitière*.
Page 4, ligne 22, lire *Saacy* au lieu de *Sacy*.
Page 9, ligne 8, lire : *Sammeron* au lieu de *Sameron*.
Page 15, ligne 26, lire : l'*Hermitière* au lieu de *Lhermitière*.
Page 17, lignes 8 et 28, lire : *Coulommiers* au lieu de *Coulomniers*.
Page 31, ligne 25, lire : *Signy-Signets* au lieu de *Signet*.
Page 32, ligne 25, lire : *Coulommiers* au lieu de *Coulomniers*.
Page 36, ligne 36, lire *Sezanne* au lieu de *Sesanne*.
Page 37, ligne 8, lire : *1471* au lieu de *1741*.

Page 64, ligne 11, lire : cardinal de *Lenoncourt* au lieu de cardinal de *Senoncourt*.

Page 65, lignes 2 et 27, lire : cardinal de *Lenoncourt* au lieu de cardinal de *Senoncourt*.

Page 67, ligne 33, lire : *Chamigny* au lieu de *Chavigny*.
Page 74, ligne 37, lire : *Chamigny* au lieu de *Chavigny*.
Page 86, ligne 9, lire : *Pierre* Brouilly au lieu de *Piesre* Brouilly.
Page 96, note 1, ligne 3, lire : *Goins* au lieu de *Goin*.
Page 138, ligne 13, lire : d'*Ouy* au lieu de *Douy*.
Page 152, ligne 16, lire : *Jouarre* au lieu de *Jouare*.

SAINT-CYR-SUR-MORIN

NOTIONS GÉOLOGIQUES SUR LE TERRITOIRE

La commune de St-Cyr-sur-Morin mesure en superficie 1910 hectares; elle fait partie du département de Seine-et-Marne, arrondissement de Coulommiers, canton de Rebais.

Elle a pour limites : au nord, la commune de Sacy; à l'est, les communes de Bussières et de Saint-Ouen; à l'ouest, la commune de Jouarre; et au sud, la commune de Doue. Elle est traversée de l'est à l'ouest par la rivière du Petit-Morin, dans laquelle viennent se jeter plusieurs ruisseaux dont un seul, le ru du Choisel, fournit un assez long parcours.

Le fond de la vallée du Petit-Morin fut, au début, un marais; il se trouve à une altitude de 56 mètres sur le bord de la rivière à l'usine du Gouffre, et de 65 mètres à St-Cyr sur le bord du Morin. Au point culminant des coteaux de la rive gauche, l'altitude atteint 158 mètres au lieu dit la Croix-Blanche, près le ru de Vérou, tandis que cette altitude s'élève à 205 mètres au lieu dit l'Orme de Bussières, situé vers la limite des communes de St-Cyr, Bussières et Sacy.

Les divers terrains que l'on rencontre, soit à la surface du fond de la vallée, soit en affleurement sur l'un et l'autre coteau, soit enfin ceux qui constituent le sol arable des deux plateaux, dont Gouin et Monthomé occupent le centre, sont différenciés les uns des autres, tant par leurs propriétés chimiques que par la nature de leurs produits. En voici l'énumération :

Sur les deux rives du Morin, sauf aux endroits où le cours sinueux de la rivière affleure, pour ainsi dire, le coteau, une plantureuse prairie occupe présentement l'espace où naguère crois-

COMMUNE DE St. CYR

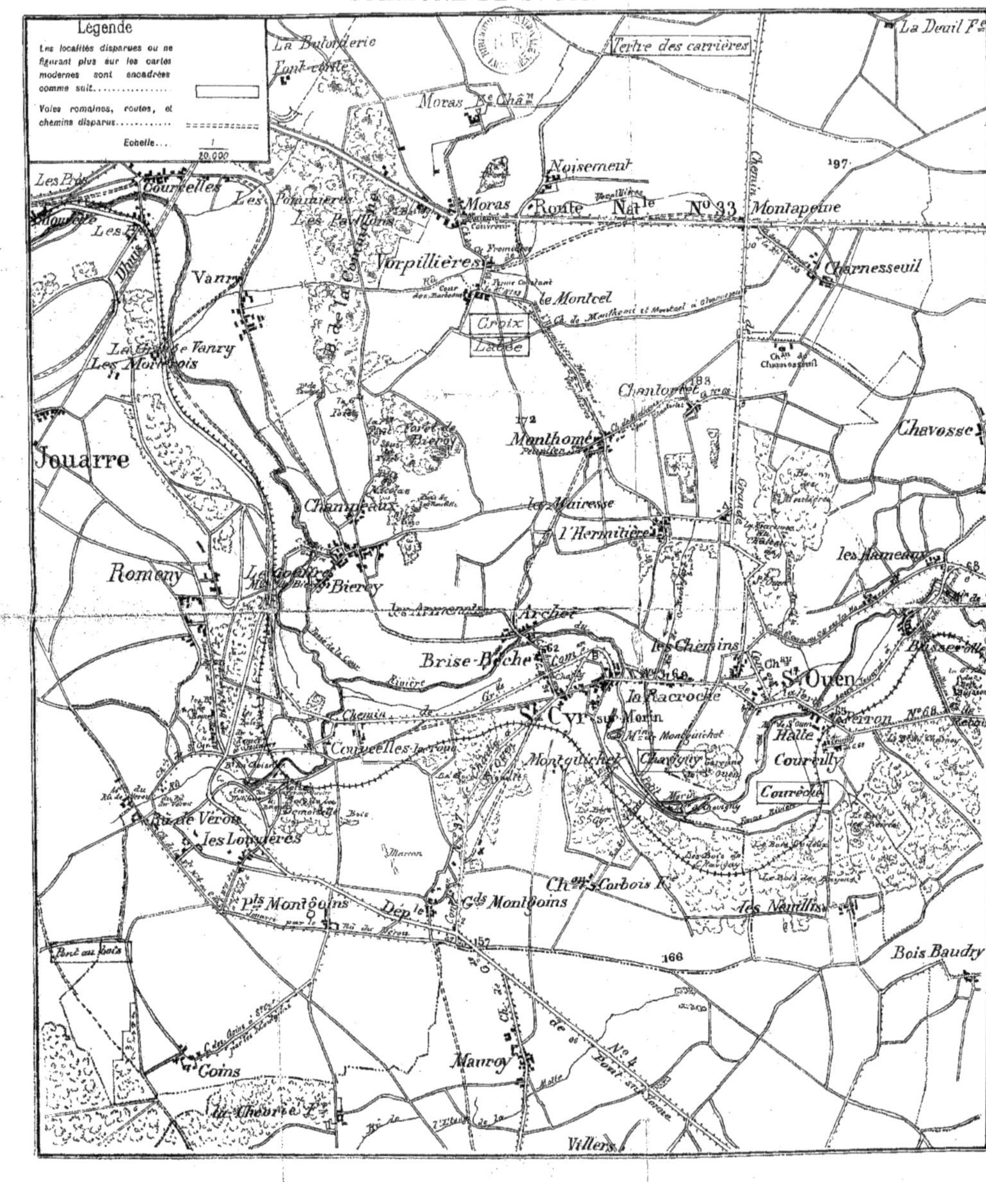

SAINT-CYR-SUR-MORIN

NOTIONS GÉOLOGIQUES SUR LE TERRITOIRE

La commune de St-Cyr-sur-Morin mesure en superficie 1910 hectares; elle fait partie du département de Seine-et-Marne, arrondissement de Coulommiers, canton de Rebais.

Elle a pour limites : au nord, la commune de Sacy ; à l'est, les communes de Bussières et de Saint-Ouen ; à l'ouest, la commune de Jouarre ; et au sud, la commune de Doue. Elle est traversée de l'est à l'ouest par la rivière du Petit-Morin, dans laquelle viennent se jeter plusieurs ruisseaux dont un seul, le ru du Choisel, fournit un assez long parcours.

Le fond de la vallée du Petit-Morin fut, au début, un marais ; il se trouve à une altitude de 56 mètres sur le bord de la rivière à l'usine du Gouffre, et de 65 mètres à St-Cyr sur le bord du Morin. Au point culminant des coteaux de la rive gauche, l'altitude atteint 158 mètres au lieu dit la Croix-Blanche, près le ru de Vérou, tandis que cette altitude s'élève à 205 mètres au lieu dit l'Orme de Bussières, situé vers la limite des communes de St-Cyr, Bussières et Sacy.

Les divers terrains que l'on rencontre, soit à la surface du fond de la vallée, soit en affleurement sur l'un et l'autre coteau, soit enfin ceux qui constituent le sol arable des deux plateaux, dont Gouin et Monthomé occupent le centre, sont différenciés les uns des autres, tant par leurs propriétés chimiques que par la nature de leurs produits. En voici l'énumération :

Sur les deux rives du Morin, sauf aux endroits où le cours sinueux de la rivière affleure, pour ainsi dire, le coteau, une plantureuse prairie occupe présentement l'espace où naguère croissaient des plantes marécageuses qui ont contribué, par leur décomposition, à la formation d'un sol qui donne maintenant d'abondantes récoltes annuelles.

En maints endroits dans cette prairie, aux lieux où elle se trouve en contact avec les assises inférieures du terrain des sables moyens, comme aux environs de Courcelles-la-Roue, de petites sources d'une eau limpide autant que pure s'échappent de la base des sables et forment de petites fontaines et même de larges places marécageuses. En bordure de cette prairie, et notamment dans la petite plaine de Courcelles-la-Roue, des particules d'humus charriées par les pluies sont venues se superposer aux cailloux roulés des époques lointaines et, en s'accumulant, ont constitué peu à peu une couche arable éminemment fertile.

Le terrain dit des sables moyens ou grès de Bauchamps se rencontre à la naissance des deux coteaux. Ainsi, par exemple, à Archet, au Mont, à Courcelles-la-Roue, on a rencontré parfois dans ces sables de petits bancs de grès qui, fendus, ont été employés pour le pavage.

Les diverses opérations de forage du puits artésien du Gouffre, exécuté de 1845 à 1862, ont permis de constater qu'en cet endroit le terrain dit du calcaire marin faisait complètement défaut; que l'eau jaillissante se rencontrait dans les sables du terrain éocène à 22 mètres 45 centimètres au-dessous de l'orifice du puits, et que le forage poursuivi jusqu'au terrain de la craie, rencontré à une profondeur de 126 mètres, n'avait traversé aucune couche aquifère. De ce fait, on peut conclure que dans la vallée du Petit-Morin, partout où le terrain calcaire marin fait défaut, ce serait vainement que l'on tenterait d'obtenir, par le forage, de l'eau jaillissante au-dessus du sol.

Sur le terrain des sables moyens reposent les diverses couches du calcaire lacustre inférieur, lesquelles renferment à certains endroits des bancs de calcaire tendre exploitable, des rognons de silex, des marnes compactes et des marnes utilisables en agriculture. Sur le coteau de la rive gauche, ce terrain généralement aride est occupé par des bois, tandis que sur le coteau de la rive droite, les bois sont rares et de médiocre étendue, et la majeure étendue du sol, naguère en vignes, est consacrée à la culture des céréales et des plantes fourragères.

Au-dessus du calcaire lacustre inférieur repose l'étage important des amas de gypse, qui se trouvent enveloppés dans les marnes. Le coteau de la rive droite paraît privé de ce terrain.

Le gypse, ou pierre à plâtre, a été extrait au moyen de puits aux Grand et Petit-Montgouin, aux Louvières, au bois Renest. Ces amas de gypse se continuent sur la commune de Jouarre jusqu'à la limite du territoire de Sept-Sorts. Ils ont été exploités dans cette commune depuis le moyen âge, mais ils semblent aujourd'hui complètement épuisés.

En général, mais surtout dans notre contrée, les couches de calcaire lacustre supérieur que l'on rencontre à la naissance de l'un et de l'autre plateau sont recouvertes d'humus et ne présentent pas de déclivités faisant sérieusement obstacle à la charrue. Aussi, les champs voisins des plâtrières sont-ils aussi fertiles que ceux des plateaux, sauf dans les lieux où la surface contient avec excès soit des glaises, soit des marnes vertes. Quand cette circonstance se produit, on voit sourdre de ces marnes ou de ces glaises de petites sources provenant du drainage naturel des plateaux-sources qui se réunissant à d'autres, donnent naissance à des ruisseaux qui descendent lentement la vallée et vont accroître le cours du Morin.

Le terrain de l'argile à meulière constitue, à peu d'exceptions près, la presque totalité de la surface du plateau sud et du plateau nord. Ces deux plateaux, en raison des éléments chimiques qui se rencontrent dans le sol, sont d'une fertilité de premier ordre, principalement aux endroits où se rencontre le terrain quaternaire appelé diluvium des plateaux. Pourvus d'une fertilité accrue par de judicieux marnages et depuis quelques années par l'emploi des engrais chimiques, leur production en céréales compensera en majeure partie les avantages que l'on tirait de l'exploitation des meulières : exploitations qui furent en assez grand nombre aux environs du hameau des Louvières (plateau sud) et aux environs de Champtortel, Lhermitière, Monthomé, Vorpillières et Noisement (plateau nord).

EPOQUE PRÉHISTORIQUE

MODIFICATIONS SUCCESSIVES DE LA SURFACE DU TERRITOIRE

Je n'ai nullement la prétention de décrire la nature et l'étendue des transformations que dut subir le territoire de St-Cyr depuis la cessation des perturbations géologiques qui, aux temps préhistoriques, eurent pour conséquence le creusement par érosions successives de la vallée du Petit-Morin et la formation du relief actuel du territoire dont je m'occupe. Cependant, il me paraît probable qu'au cours de la période dite paléolitique et surtout lorsque les Celtes émigrés de l'Asie vinrent faire bénéficier la population autochtone des rudiments de civilisation dont ils étaient en possession, il me paraît probable, dis-je, d'après les découvertes des savants modernes, que ces Celtes conquérants de la majeure partie de la Gaule, s'allièrent, et dans certains cas se substituèrent, aux habitants aborigènes de notre contrée dont ils modifièrent progressivement les mœurs, les habitudes, le langage et la religion.

Sans doute, il serait téméraire d'affirmer que notre territoire fut habité dès les temps préhistoriques par un ou plusieurs groupes de familles celtiques ou de même race que les Celtes, tels que les Kymris et les Gaulois, car on ne rencontre sur notre sol aucun monument existant pouvant être attribué aux hommes de cette époque reculée, mais on peut avec vraisemblance énoncer le fait comme probable, puisque j'ai rencontré des vestiges authentiques de monuments de cette époque sur les usages de Vanry en 1867, aux Hameaux et près de Busserolles, et surtout à Orly en 1869. Enfin, on a découvert sur les territoires de Doue et de Sacy, des instruments en silex polis attestant le séjour en ces lieux de groupes d'hommes ayant vécu là aux temps préhistoriques. De ces faits on peut induire, tout au moins, qu'en ces temps reculés le territoire dont il s'agit ici fut, tout au moins, parcouru par des groupes de chasseurs en quête de gibier.

Du reste, s'il était permis d'interpréter en archéologue certaines énonciations contenues dans une pièce en date de 1485 provenant de l'émigré Montmorency (Archives de Seine-et-Marne), on acquerrait la conviction qu'il existait encore à cette date, aux environs de Corbois et de Montguichet, un tumulus circonscrit par des menhirs, et qu'à proximité de ce lieu consacré on conservait encore l'usage d'allumer chaque année, au solstice d'été, conformément à l'antique coutume gauloise, un grand feu qui, en raison de l'élévation du lieu, pouvait s'apercevoir de presque tous les points du territoire.

Voici, du reste, les termes de la charte à laquelle j'emprunte ma citation. Eutroppe de Culant, seigneur de St-Cyr et de Courcelles-la-Roue, en partie d'une part, et Guillaume de Chavigny, seigneur de Chavigny et de Corbois, d'autre part, désireux de terminer un litige survenu entre eux touchant leurs propriétés respectives procédèrent à la reconnaissance des bornes leur servant respectivement de limites. Après avoir reconnu l'exactitude de la situation de plusieurs bornes, l'acte constate que « *le bois des Aulnettes de Corbois a pour limite une borne située sur une petite butte ou heurt, laquelle petite butte est circonscrite par plusieurs autres bornes, de telle sorte que la borne située sur la butte précitée sert de limite entre le bois des Aulnettes et le champ dit de la haie du feu de Saint-Jean de St-Cyr.* »

De cette double désignation, je crois être en droit d'inférer : 1° que cette petite butte correspond à l'existence d'un *cromlech*, c'est-à-dire de menhirs rangés en cercle au milieu desquels se trouvait un menhir principal ; 2° que le choix de ce lieu pour y célébrer, suivant l'usage des Gaulois, la fête du solstice d'été ne résulte pas seulement de sa situation relativement élevée, mais surtout de sa contiguïté avec le *cromlech* précité, lequel aurait été l'objet d'une vénération particulière en raison d'usages religieux dont l'histoire n'a pas conservé le souvenir.

Quoi qu'il en soit, du plus ou moins de probabilité de l'habitation du territoire de St-Cyr, par un ou plusieurs groupes d'habitants antérieurement à la conquête de la Gaule par César, on ne saurait douter que ce territoire n'eût été fréquemment parcouru par des chasseurs en quête de gibier, et que des espaces plus ou moins étendus n'aient été utilisés comme pâturage par des groupes d'habitants stationnant aux abords de ce même territoire. Dans tous les cas, lorsque, aux premiers siècles de notre ère, grâce à l'intervention de l'influence romaine, *Jatinum* (Meaux) devint le siège d'une cité dont le territoire de St-Cyr faisait partie, on peut tenir pour certain que quelques groupes restreints de population ne tardèrent pas à s'établir tant sur les flancs du coteau de la rive droite du Morin que sur les plateaux facilement fertilisables de Gouin et de Monthomé. Dès lors, la mise en culture et le peuplement d'une partie considérable du territoire ne fut plus qu'une question de temps.

Le défrichement et le peuplement du territoire que je viens de mentionner prirent surtout un développement important vers le quatrième siècle de notre ère, grâce à l'établissement successif de voies empierrées aux extrémités nord et sud dans sa partie centrale et dans la vallée du Morin.

La voie empierrée, primitivement construite, fut celle qui relia Meaux à Châlons et qui traversa la partie nord du territoire dont je m'occupe, de Vorpillières à Montapeine. Peu après, fut établie la voie empierrée reliant la bourgade de Doue à celle de Jouarre, dans le voisinage de laquelle fut, vers le même temps, établie la *villa Agraria*, de Gouin, dont j'ai pu constater les vestiges comme je l'indiquerai plus loin.

La voie centrale traversant notre territoire du sud au nord, établissait une communication directe entre la bourgade de Doue et le passage de la Marne à Nanteuil, *trajectus matronæ*, au moyen âge, *Portus maternæ apud Nantolium*. Cette voie, vicinalisée en partie jusqu'au delà de St-Cyr, franchissait la vallée du Morin à Archet, atteignait successivement les emplacements occupés depuis par les hameaux de Monthomé, Vorpillières et Noisement avant d'atteindre la Marne près de Paroy.

Enfin, antérieurement au ve siècle, une voie de troisième ordre, desservant la vallée du Petit-Morin, avait son point de départ à Saint-Martin, sur la voie de Meaux à Châlons, et de là, en longeant le pied du coteau de la rive droite, desservait les lieux occupés depuis par les hameaux de Courcelles, Vanry, Biercy et Archet. A ce dernier point, la voie franchissait le Morin, ou plus exactement, le Marais, en empruntant le passage précédemment établi pour la voie de Doue à Nanteuil, puis se dirigeait immédiatement sur le lieu appelé depuis St-Cyr, où elle traversait de nouveau le Morin pour continuer à desservir le coteau de la rive droite, en passant par le hameau appelé depuis le Chemin.

La voie précédemment décrite fut suppléée dans une grande partie de son parcours par une autre petite voie empierrée, s'embranchant sur la précédente à Vanry; elle traversait ensuite le Marais et se poursuivait en longeant les lieux appelés depuis la Grange-lez-Vanry, le Gouffre, le Mont et Courcelles-la-Roue. Au delà de cette localité, après avoir franchi le coteau dit du bois Rigault, la voie se réunissait à la précédente à peu de distance de l'emplacement où fut établie depuis l'église de St-Cyr, de telle sorte que les deux voies réunies franchissaient le Morin en ce point.

J'ai recherché s'il n'existait pas aux abords de ces diverses voies des traces évidentes d'habitation gallo-romaine, mais, sauf à Biercy, au lieu dit les Mureaux, je n'ai rencontré aucun vestige probant de l'existence d'habitation dont on puisse faire remonter l'établissement soit à l'époque gallo-romaine, soit aux trois premiers siècles du moyen âge. La presque totalité des habitations rurales de ces temps reculés ayant été généralement construites en bois et couvertes en paille ou roseaux, on s'explique ainsi qu'elles n'aient laissé sur le sol aucune trace durable. En ce qui touche les vestiges authentiques d'habitation romaine découverts à Biercy, j'en indiquerai la nature et l'importance lorsque je ferai l'historique de ce hameau.

L'agriculture et le pâturage, en se développant, amenèrent graduellement l'amélioration de la fertilité de la couche arable recouvrant les terrains géologiques que j'ai décrits plus haut. Mais, à l'exception des campagnes avoisinant les localités quelque peu importantes de la Gaule septentrionale, ce fut seulement vers le milieu du IIIe siècle de notre ère que les campagnes de nos contrées virent leur population s'accroître, et que, par suite, l'agriculture fit des progrès décisifs quoique partiels. Ainsi, par exemple, la fertilité de la couche arable des plateaux s'accrut progressivement, et, peu à peu, les flancs des coteaux jusque là couverts de bois furent débarrassés en partie des pierrailles qui faisaient obstacle à la productivité utile de la couche d'humus qui recouvrait l'ensemble des divers bancs de calcaire et de marne qui constituaient ces coteaux. Cet épierrement, qui fut d'une utilité de premier ordre, s'effectua principalement sur le coteau de la rive droite exposé au soleil du midi, et cela, en vue de la culture de la vigne qui, en cet endroit, prit une grande extension aux IVe et Ve siècles. Ces pierres, accumulées progressivement de distance en distance sur de longues lignes, finirent par constituer des murailles non cimentées qui portèrent et portent encore le nom de *meurgers*.

Sur les coteaux de la rive gauche, non propices à la culture de la vigne, certaines parties accessibles à la charrue furent habitées, défrichées et mises en culture au plus tard dans les dernières années du XIIe siècle. D'autres parties, en raison de leur voisinage du terrain des glaises vertes, trop humides pour être cultivées, furent converties en prairie vers le XVe siècle, et le surplus resta occupé par la végétation arborescente.

En ce qui touche le terrain quaternaire et de formation récente qui constitue la petite plaine de Courcelles-la-Roue, il fut en majeure partie défriché et cultivé aussitôt que l'influence bienfaitrice de la civilisation romaine se fut répandue dans la Gaule septentrionale, et c'est pourquoi j'estime que depuis l'exécution de la voie empierrée passant à Courcelles-la-Roue, un groupe d'habitations fut établi, bien qu'il ne reste à ma connaissance aucun indice visible permettant d'inférer que ce lieu fut habité antérieurement à la conquête franque.

Seul, le marais occupant le fond de la vallée sous le nom de

Moretum mit un nombre considérable de siècles à se transformer en prairie. Celle-ci, protégée par la législation qui régit les cours d'eau affectés aux usines, semble être désormais exempte des menaces annuelles de débordements qui, jusque vers le XVIIe siècle, compromettaient fréquemment la qualité des récoltes.

Le cours d'eau fut utilisé avec succès jusqu'au début de notre siècle pour la mouture des grains. Depuis son embouchure dans la Marne, à Condetz, jusqu'à Orly, sur un développement d'environ 15 kilomètres, on ne comptait pas moins de douze moulins à blé affectés exclusivement au service des vassaux du seigneur propriétaire de chacun de ses moulins.

ÉPOQUE FÉODALE

DIVISION DU TERRITOIRE EN SEIGNEURIES

Lorsque Clovis et ses compagnons francs et tudesques eurent occupé définitivement le nord de la Gaule après la défaite de Siagrius à Soissons (486) et eut substitué son autorité à celle de Rome, le pays meldois, dont le territoire de St-Cyr faisait partie, ne tarda pas à passer sous la domination du conquérant. L'un des premiers soins de ce chef heureux et habile fut de substituer son autorité à celle de l'empereur et de se déclarer possesseur de tous les territoires, et particulièrement des grands domaines ou *saltus* relevant précédemment du fisc impérial. C'est ainsi que la grande forêt qui couvrait en partie le plateau compris entre le Grand-Morin au sud, la Marne à l'ouest et au nord, et la Champagne à l'est, devint en fait propriété du roi de France.

La superficie sus-désignée se décomposait en deux grands *saltus*, dont l'un, le *saltus Brigeius*, avait pour chef-lieu l'antique bourgade de Doue, et l'autre, le *saltus Joranus*, avait pour chef-lieu la bourgade de *Jodurum* (Jouarre). Ce dernier domaine comprenait entre autres la totalité de la superficie dont devait se composer plus tard la paroisse de St-Cyr. Dans les dernières années du VIe siècle, Théodebert, roi d'Austrasie, possesseur du pays meldois, fit don à l'un de ses leudes ou convives, Authaire, à titre de bénéfice, de la superficie du *saltus Joranus*.

Authaire habita une villa nommée *Ultiacum* (Ussy), située à peu de distance au nord de la Marne. Il habitait cette villa lorsque, vers l'an 610, le célèbre saint Colomban vint lui faire visite. Pour témoigner toute sa reconnaissance de l'hospitalité qui lui fut accordée, le saint homme consacra à Dieu les deux fils d'Authaire, nommés l'un Adon et l'autre Audoénus. Après la mort d'Authaire, ses deux fils, du consentement du roi, se partagèrent l'héritage paternel. Adon, qui était alors trésorier de Dagobert, eut pour sa part du *saltus Joranus* les territoires de Jouarre, Sameron, St-Cyr, etc., tandis qu'Audoenus, alors référendaire, et plus tard archevêque de Rouen, eut en partage les territoires de Ussy en partie, la Ferté, Chamigny, Reuil, Sept-Sorts, etc. Vers l'an 636, Adon, de concert avec plusieurs membres de sa famille, fonda le monastère de Jouarre, auquel, avec le consentement du roi, il fit don de tous ses biens et notamment de la partie du territoire de St-Cyr, qui depuis lors, jusqu'en 1790, constitua la seigneurie ecclésiastique de Saint-Cyr.

Audoénus, plus particulièrement connu sous le nom de saint-Ouen, disposa de l'héritage paternel, à l'exemple de son frère et de la plupart des hommes considérables de ce temps-là. Non seulement il contribua, du consentement du roi, à la fondation de l'abbaye de Rebais, mais il paraît, en outre, qu'il pourrait être regardé comme ayant doté d'une grande partie de ses biens le monastère de Reuil (*Rodoliensé*), lequel devint au XIIe siècle un prieuré dépendant de Cluny. Parmi les biens transmis à ce monastère de Reuil, se trouvait la partie du territoire de St-Cyr comprenant Vorpillières, Noisement, Monthomé et Charnesseuil. Je parlerai ultérieurement des parties du territoire de St-Cyr qui, au cours du IXe et du Xe siècle, passèrent entre les mains des seigneurs laïques.

Aussi longtemps que les descendants et successeurs de Clovis conservèrent la lucidité intellectuelle et la force physique indispensables pour gouverner une nation composée d'éléments disparates et insuffisamment fusionnés (jusque dans les premières années du VIIIe siècle), le monastère d'Adon put s'acquitter de ses devoirs de protecteur, d'éducateur, de bienfaiteur envers les familles libres ou serviles résidant sur la partie du territoire qui lui avait été concédée. Ainsi, il est hors de doute pour moi que le monastère dont il s'agit fit établir, soit à Biercy, soit au lieu appelé ultérieurement St-Cyr, un oratoire où, chaque semaine au moins, un prêtre venait célébrer la messe, catéchiser les néophytes, administrer le baptême, secourir les pauvres et les malades, etc. Mais cette situation relativement prospère prit fin par suite des compétitions armées qui s'élevèrent entre les maires ou chefs effectifs des gouvernements de Neustrie et d'Austrasie. Pendant près d'un demi-siècle, la force brutale, représentée par des gens de guerre ignorants, avides et indisciplinés, sembla ériger en système le désordre moral et la dévastation matérielle.

L'une des conséquences de cet état d'anarchie fut la dispersion des religieuses, des prêtres et des moines résidant au monastère de Jouarre ; lorsque les bâtiments ne furent plus habités, les constructions tombèrent en ruines. Quand l'ordre et la paix revinrent sous l'influence de l'éminent Charlemagne, le territoire de Jouarre et, par suite, celui de St-Cyr, furent la propriété directe de l'empereur.

Jusque vers l'an 835, le territoire de St-Cyr, comme celui de Jouarre, fut administré par des agents impériaux, conformément aux prescriptions des Capitulaires ; mais, vers la date sus-indiquée, Louis-le-Débonnaire résolut de faire procéder à la reconstitution de l'ancien monastère de Jouarre, qui devait prendre désormais le nom d'abbaye royale Notre-Dame. Il confia la direction de ce monastère reconstitué à Hermentrude, fille du comte Odon de Chartres, laquelle épousa en 842 le roi Charles-le-Chauve, mais sans cesser pour cela d'être considérée comme abbesse ou, si on le préfère, comme administratrice principale du monastère restauré. Louis-le-Débonnaire compléta son œuvre en restituant à l'abbaye nouvelle tous les legs que lui avaient concédés naguère Adon ainsi que divers membres de la famille d'Authaire. Dans ces biens était comprise la majeure partie du territoire de St-Cyr, moins peut-être environ 300 arpents concédés à titre de fiefs laïques à des militaires.

En ce qui touche les anciens biens-fonds du monastère de Reuil, ils furent également incorporés au domaine royal à la suite des guerres intestines du VIIIe siècle ; mais quand ils furent restitués au Xe siècle à ce monastère réédifié, la superficie de ces biens se trouvait considérablement amoindrie. Ainsi, par exemple, les territoires de la Ferté, Condetz, Chamigny, Ussy en partie et Noisement, sur la paroisse de St-Cyr, avaient été concédés ou accaparés par le chef militaire fondateur de la forteresse de la Ferté (*Firmitas*), construction établie dans les dernières années du IXe siècle en vue de faire obstacle aux envahisseurs normands. Par suite, lorsque le monastère de Reuil fut reconstitué, vers le milieu du Xe siècle, tout ce qui lui fut conservé de ses anciens droits sur les territoires précités se réduisit au prélèvement de la dîme. Il ne recouvra entièrement que la pleine possession du territoire de Reuil proprement dit et des petits domaines de Vorpillières et de Charnesseuil, destinés à faire partie du territoire de la paroisse de St-Cyr, lors de la constitution de cette paroisse, vers le milieu du XIe siècle.

A l'égard du petit territoire comprenant les abords du hameau de Noisement il continua, jusqu'au cours du XIIe siècle, à appartenir au seigneur de Chamigny, descendant, en ligne collatérale, des seigneurs de la Ferté.

Connaissant l'origine des divers territoires seigneuriaux dont se composa au début la circonscription paroissiale de St-Cyr, j'aurais voulu exposer à quelle époque et en raison de quelles considérations le chef-lieu paroissial fut fixé au village que l'on appela St-Cyr depuis la fin du XIIe siècle, époque à laquelle l'église actuelle fut édifiée et consacrée à deux saints personnages, Cyr, enfant, et Julitte, sa mère, martyrisés à Tarse, au IVe siècle, et dont les ossements furent rapportés d'Antioche en France par Amatre, évêque d'Auxerre vers l'an 1100. Malheureusement, malgré les recherches auxquelles je me suis livré, je n'ai pu déterminer la date précise de l'érection de cette paroisse; j'ai trouvé seulement que la nomination du curé de la paroisse fut dévolue à l'abbesse de Jouarre et que l'église et le presbytère furent établis à l'intérieur des limites de la seigneurie de l'abbaye, mais dans un lieu attenant immédiatement à la partie du village de St-Cyr dépendant du seigneur laïque dudit lieu.

Il est très probable qu'il existait au cours du XIe siècle, dans le village qui porta le nom de St-Cyr, un oratoire ou chapelle qui, à la demande de l'abbaye de Jouarre, fut élevé au titre d'église paroissiale desservie par un prêtre résidant sur les lieux et dont l'action pastorale s'exerçait sur toute l'étendue du territoire paroissial ci-dessus déterminé.

L'ÉGLISE DE SAINT-CYR. — LES CURÉS. — LA FABRIQUE LA COMMUNAUTÉ DES HABITANTS

L'édifice religieux, siège de la paroisse de St-Cyr, est situé sur la grande place du village, à une faible distance du château des anciens seigneurs laïques du lieu. Il est séparé à l'est par deux ou trois mètres à peine de la rive gauche du Morin, et il tient au nord à une cour commune dite autrefois la Cour Commune laquelle renfermait le presbytère et l'habitation du prévôt du lieu.

A en juger par le style des divers éléments architectoniques dont se compose cette église, on est conduit à conjecturer que sa construction fut entreprise dans les dernières années du XIIe siècle et qu'elle fut achevée dans les vingt premières années du XIIIe siècle. C'est du moins ce que je crois pouvoir inférer de l'emploi du style ogival pour la confection des voûtes et des fenêtres ajourant l'édifice. Cette église, en forme de croix latine, comprend : une nef centrale qui mesure en largeur 6 mètres avec deux bas-côtés ayant chacun en largeur 4 mètres 80 cent. et en longueur 20 mètres ; un transept mesurant à l'intérieur, du nord au sud, 18 mètres 95, et de l'est à l'ouest, 9 mètres 90; le chœur qui a environ 6 mètres de largeur sur autant de longueur ; enfin le sanctuaire mesurant 5 mètres 80 sur 5 mètres 30.

Le maître-autel est convenablement orné, il est ajouré par des verrières ogivales à vitraux coloriés représentant deux épisodes de la vie de St-Cyr. A l'extrémité nord du transept se trouve la chapelle de saint-Barthélemy, naguère chapelle de saint-Nicolas. L'extrémité sud est occupée par la chapelle de la Vierge, autrefois destinée à l'inhumation des seigneurs de Chavigny. Les colonnes supportant les voûtes sont ornées de chapiteaux historiés, trop frustes pour que l'on puisse distinguer exactement les sujets représentés.

A l'époque où cet édifice fut élevé, on ne soupçonnait pas certainement que le sol du marais contigu s'exhausserait de siècle en siècle et qu'un jour viendrait où, lors des débordements annuels de la rivière, l'église serait inondée et, par suite, la célébration du culte interdite. Ce fut cependant ce qui arriva maintes fois au cours des XVIIe et XVIIIe siècles et notamment en 1756, ainsi qu'il est constaté au registre paroissial. Ces inondations ne compromettaient pas seulement la solidité de l'édifice, mais elles étaient encore préjudiciables à l'hygiène, puisque l'usage d'inhumer dans l'église des personnes notables ne prit fin que vers 1760.

Pour parer aux graves inconvénients de ces submersions en quelque sorte périodiques, on exhaussa plusieurs fois le sol de l'édifice et, aujourd'hui, les chapiteaux des colonnes soutenant les voûtes ne se trouvent guère à plus d'un mètre au-dessus du carrelage. Malgré ces exhaussements du sol de l'édifice, et en raison du remblai opéré par les ponts et chaussées, lors de la construction du chemin vicinal qui relie St-Cyr à la route départementale n° 4, le carrelage de l'église se trouve à 0,55 centimètres en contrebas de la grande place, de sorte que pour pénétrer dans l'édifice il faut descendre cinq à six marches.

Les dépenses occasionnées par la construction de cette église incombèrent vraisemblablement, conformément à l'usage, savoir : pour l'abside et le transept à l'abbesse de Jouarre et au prieur de Reuil, gros décimateurs ; pour la nef centrale, aux seigneurs laïques des fiefs de St-Cyr et Courcelles-la-Roue, de Chavigny, de Noisement, de Charnesseuil, de la cour de Biercy, et pour les bas-côtés aux habitants de la communauté, c'est-à-dire aux censitaires. Ces trois classes de personnes, différentes de condition, contribuèrent également à la construction du presbytère. A partir du XVIIe siècle, la construction et la réparation du presbytère furent mises à la charge des Fabriques et des habitants. Le terrain du cimetière faisant partie de la seigneurie de l'abbesse fut probablement concédé gratuitement.

Le prêtre-curé de St-Cyr était, comme je l'ai dit, à la collation de l'abbesse de Jouarre laquelle, dans la plupart des cas, fit choix pour remplir ce poste de prêtres attachés à divers titres au service de l'abbaye. Ce prêtre, en dehors des émoluments qui lui étaient alloués par la Fabrique, percevait par ses ouailles la menue dîme des jardins : fruits, légumes, etc., et des basses-cours : agneaux, porcs, volailles, etc. Cette menue dîme était évaluée à six livres en 1277, ainsi que cela résulte du cartulaire de l'abbaye de Jouarre (1).

Ces six livres représentent aujourd'hui six cents francs environ, d'après les calculs de MM. Darbois de Jubainville et Lebert. En dehors de ce prélèvement, le curé de St-Cyr, au XVIIe siècle, jouissait du revenu de 14 arpents 58 perches, tant en terre qu'en pré, dépendant de la cure de St-Cyr, lesquels 14 arpents 58 perches furent vendus nationalement en 1793.

En raison de l'étendue de la paroisse, un auxiliaire ou vicaire fut adjoint au curé. Ce vicaire avait, entre autres, pour mission de célébrer l'office divin à certains jours de chaque mois à la chapelle établie dès le XVIe siècle au fief de la cour de Biercy et à la chapelle du fief des Fromières. De ce chef le vicaire jouissait d'un revenu d'environ 13 arpents 75 perches de terre et de 83 perches de vigne dépendant de la chapelle de Biercy, le tout chargé de 4 sols 6 deniers de cens envers l'abbaye. En

(1) Bibliothèque Nationale, manuscrit, fonds français, n° 11571.

dehors de ces émoluments, il recevait un traitement de la Fabrique de l'église.

La Fabrique de l'église de St-Cyr, comme celle de beaucoup d'autres paroisses rurales, eut, au début, pour administrateur, un clerc ou diacre chargé de la comptabilité et appelé dans le latin de cette époque *matricularius* et en français *marreglier*, expression qui s'est transformée en *marguillier*. Ses fonctions consistaient, entre autres, à tenir le registre des recettes et des dépenses effectuées en vue des besoins du culte, de dresser le tableau des pauvres, avec assignation des sommes versées à chacun, soit sur la recommandation du curé, soit sur la désignation de la communauté des habitants. Ces administrateurs non responsables, ayant souvent abusé de leur situation, on leur substitua vers le XVIe siècle, des marguilliers laïques, désignés par la communauté des habitants, et généralement choisis parmi les plus riches et les mieux considérés d'entre eux. On ne pouvait refuser de remplir cette fonction honorifique que dans le cas de maladie ou d'infirmité.

Au marguillier était dévolue la gestion des deniers et des biens de la Fabrique. Il rendait ses comptes annuellement en présence du curé devant la communauté des habitants assemblés. Ses fonctions étaient temporaires, mais il était rééligible dans les campagnes. Il faisait la quête à l'église et il distribuait les secours aux pauvres, dont la liste était déterminée par les membres du conseil de Fabrique, dont, naturellement, le curé faisait partie. Cette fonction quelquefois quelque peu onéreuse, était considérée comme très honorifique, et parfois fort enviée. Dans bien des campagnes, le marguillier devait distribuer le pain bénit, d'abord au seigneur du lieu, ensuite, aux officiers de justice.

Les biens immeubles de la Fabrique de St-Cyr consistaient, d'après le terrier de 1715, en 17 arpents 58 perches de terre et pré, divisés en 37 parcelles sur lesquelles l'abbaye de Jouarre prélevait à raison de 4 deniers de cens par arpent, la somme de 6 sols 2 deniers, ainsi que cela résulte de la déclaration de Nicolas Carré, alors marguillier. Les dits biens furent vendus nationalement en 1793.

J'ai parlé plus haut incidemment de la communauté des habitants, je dois maintenant indiquer brièvement qu'elles étaient, avant la réunion des Etats-Généraux de 1789, les attributions des assemblées représentant cette communauté et la nature des décisions qu'elles étaient autorisées à prendre.

Antérieurement à l'établissement des églises paroissiales, il est vraisemblable que les seigneurs locaux se chargèrent directement, par l'intermédiaire de leurs prévôts ou *mayeurs*, d'indiquer les travaux qu'il était utile d'exécuter par les habitants des villages dans l'intérêt de ces mêmes habitants, et souvent aussi, dans l'intérêt du seigneur seul; mais, ce dut être dans l'ensemble des cas, lors de l'érection de l'église paroissiale, dont une partie était mise à la charge des paroissiens que l'ensemble de la communauté fut consulté sur la fixation de la somme contributive à laquelle serait taxé chaque habitant, proportionnellement à l'étendue ou à l'importance des biens-fonds dont il était détenteur. On pourrait donc en conclure que l'une des plus anciennes, sinon la première des assemblées de la communauté de St-Cyr, eut lieu lors de la construction de l'église paroissiale actuelle, c'est-à-dire, vers la fin du XIIe siècle.

Depuis lors, jusqu'au XVIe siècle, les circonstances réclamant la convocation de la communauté, des habitants durent fréquemment se présenter, tant en raison de l'élection des marguilliers, que des travaux à exécuter pour la réparation des chemins, aqueducs, ponceaux, etc., d'utilité publique. Dans ces assemblées comme dans celles relatives à l'élection des marguilliers, les divergences d'opinions entre le prévôt de l'abbesse et le prévôt du seigneur laique de St-Cyr étaient fréquentes, et les décisions de l'assemblée furent précédées souvent de discussions plus ou moins acrimonieuses.

Les usages ou *Larrel* de Biercy, Monthomé et Lhermitière étant des propriétés directement possédées en commun par les habitants des dits lieux, en vertu d'une concession spéciale de l'abbaye de Jouarre (acte de 1491), l'assemblée des habitants de la paroisse n'avait pas à s'immiscer dans la gestion des dits usages. Lorsque les circonstances nécessitaient la tenue d'une assemblée, le marguillier, d'accord avec les prévôts des seigneurs, fixait le jour de la réunion et le curé en chaire en instruisait les paroissiens. Les assemblées se tenaient généralement sous le porche de l'église et, dans certaines circonstances, dans l'église même. Dans ces occasions, les cloches de la paroisse étaient sonnées à toute volée.

Aux XVIe et XVIIe siècle, en raison des progrès accomplis antérieurement par la législation, les questions soumises aux délibérations des assemblées paroissiales s'accrurent graduellement et les réunions devinrent plus fréquentes. Dans l'ensemble des cas les tabellions ou substituts demeurant dans les paroisses furent appelés à la rédaction des délibérations intervenues.

Au cours du XVIIIe siècle, outre le choix des marguilliers et le règlement des comptes de la Fabrique, les assemblées paroissiales étaient appelées à délibérer sur les objets suivants : élection du syndic ou maire, choix des collecteurs de taille et divers autres impôts, choix des messiers ou gardes vert, désignation des indigents auxquels des subsides devraient être alloués, vote des deniers pour la réparation ou l'établissement d'un chemin ou autres sujets d'utilité publique, tels que creusement d'un puits, établissement d'une fontaine, etc. Parmi les innovations les plus importantes soumises aux délibérations populaires, je citerai : la désignation des miliciens ou *conscrits*, et le subside au maître d'école, qui était le plus souvent clerc paroissial.

Ces assemblées paroissiales prirent un nouveau développement en 1787, en conséquence de l'établissement des assemblées provinciales. L'importance de leurs attributions s'accrut encore en 1788 et ce fut par elles que furent rédigés les cahiers de doléances dela paroisse, cahiers qui furent transmis aux assemblées du bailliage. Dans le système des assemblées provinciales, les paroisses élisaient des délégués au nombre de 3, 6, 9, selon leur population. Il fallait payer 10 livres d'impôt pour être électeur. Cette organisation de l'administration des paroisses fut modifiée par l'Assemblée Nationale, laquelle, par une loi en date du 18 décembre 1789, sanctionnée par le roi le 28 du même mois, reconstitua toutes les municipalités du royaume sur de nouvelles bases et sur un plan uniforme.

DE LA JUSTICE CIVILE ET DE L'IMPOT DANS LA PAROISSE DE SAINT-CYR

Le territoire dont je m'occupe se divisa, comme je l'ai dit déjà, entre cinq seigneurs ayant droit de justice. J'indiquerai tout d'abord qu'en ce qui concerne le moyen-âge les renseignements relatifs à la qualification des divers officiers préposés à la justice, par les seigneurs, me sont pour ainsi dire inconnus, aussi bien que l'étendue de leur juridiction. Les détails à cet égard ne sont véritablement certains qu'à partir de 1509, date de la rédaction de la coutume de Meaux en usage à St-Cyr, ainsi que cela résulte de la comparution à la rédaction de cette coutume de Chapuiset, représentant de l'abbesse de Jouarre, du représentant du couvent de Reuil et de Claude de Culant, seigneur de St-Ouen et de Saint-Cyr, présent en personne. Donc, jusqu'en 1789, les habitants du territoire de St-Cyr furent soumis aux règles édictées par la coutume sus-indiquée.

En conséquence, les personnes nobles habitant St-Cyr étaient directement justiciables, savoir : le seigneur de St-Cyr, du bailliage de Coulommiers ; le seigneur de Charnesseuil, du bailliage de la Ferté, en tant que relevant du prieur de Reuil ; mais le seigneur de Noisement, en sa qualité de prieur de l'ordre de Malte, devait être justiciable devant le tribunal ecclésiastique exceptionnel. En ce qui concerne l'abbesse de Jouarre, elle n'était justiciable que du Parlement de Paris, mais les causes de ses censitaires de St-Cyr ressortissaient d'abord au bailliage de Jouarre et en second lieu au bailliage de Meaux.

L'abbesse de Jouarre avait pour représentants de sa justice à St-Cyr un prévôt résidant en ce lieu, un substitut-notaire qui, au XVIIe siècle, résidait à Biercy, et enfin un procureur et des sergents auxiliaires du prévôt. Les autres seigneurs laïques ou ecclésiastiques étaient également représentés par des gens de justice portant la même dénomination.

Les fonctions de ces divers agents s'exerçaient de la manière suivante : le prévôt décidait des affaires en première instance. Sauf dans les cas graves et d'une solution urgente relatifs aux actes des gens mal famés et misérables, on pouvait appeler de la décision du prévôt à une juridiction supérieure, qui était celle du bailli de Jouarre pour le fief ecclésiastique de St-Cyr et celle du bailliage de Coulommiers pour le fief laïque dudit lieu. Les prévôts étaient choisis et nommés, ainsi que les autres officiers de justice, par les seigneurs. Ils décidaient en dernier ressort lorsque l'amende ne dépassait pas 60 sols. Les substituts-notaires, les procureurs, les sergents étaient également à la nomination du haut justicier. En principe, ces différentes fonctions n'étaient pas héréditaires. Les procureurs étaient, dans nombre de cas, choisis par les parties et servaient de défenseurs. Les sergents servaient d'auxiliaires au prévôt. Ils rédigeaient et portaient les citations à comparaître devant le juge. Ils étaient chargés de faire exécuter les sentences de condamnation et pouvaient procéder aux arrestations, à la suite d'un ordre écrit du prévôt ou bien, par exemple, dans le cas de coups et blessures ou de délits graves constatés, soit par des gardes forestiers, soit par des messiers.

De nombreuses modifications se produisirent au cours des siècles dans la procédure et dans les attributions de la basse justice, mais je n'essaierai pas, faute de documents suffisants, d'aborder un sujet aussi complexe; je mentionnerai seulement qu'en conséquence des décisions des États-Généraux de 1789, les justices seigneuriales furent supprimées et remplacées avantageusement par une législation uniforme pour toute la France.

Ce n'est pas d'aujourd'hui que les habitants de la campagne se plaignent du fardeau des impôts; ils les trouvent écrasants et croient généralement qu'ils étaient infiniment plus légers aux temps passés. Oui, certes, l'impôt est toujours trop lourd pour le pauvre qui n'a aucun revenu en dehors de son travail manuel, et qui doit prélever sa part de contribution aux charges de l'Etat sur le produit de son labeur quotidien. Toutefois, les pauvres, qui, sous tant de rapports, profitent sans le savoir des diverses contributions qu'il leur faut acquitter chez le percepteur, maudiraient probablement moins ce mode de coopération aux charges de l'Etat s'ils avaient une connaissance exacte du nombre et de la quotité des impôts que les roturiers, nos grands-pères, devaient payer, sous des dénominations multiples, au profit des ecclésiastiques, des seigneurs féodaux et du roi. Je vais, à cet égard, édifier mes lecteurs en leur donnant la nomenclature de ces différents impôts puis en leur citant des faits et des chiffres incontestables :

La dîme. — Au nom de la religion, représentée officiellement à St-Cyr par l'abbaye de Jouarre, tous les champs ensemencés devaient acquitter la dîme, laquelle consistait dans le prélèvement d'un treizième de la récolte des champs ensemencés en blé, orge, avoine; la dîme s'appliquait aussi aux vins et aux cidres récoltés.

La menue dîme. — Venait ensuite le curé qui, sous le nom de menue dîme, avait droit aux divers produits des basses-cours et des jardins.

Le cens et le surcens. — L'abbesse de Jouarre, comme seigneur du lieu, percevait, en sa qualité de possesseur primitif du sol qu'elle était censée avoir originairement concédé, une redevance annuelle appelée le cens, dont la quotité par arpent fut, au XIIe siècle, de 2 deniers, puis de 3, et enfin de 4 deniers. A ce cens primitif, en raison de concessions plus récentes, s'ajouta, au XVIe siècle, un surcens ou rente foncière, de quotité variable, selon la date de la concession.

La coutume. — Les habitations étaient généralement grevées d'un droit appelé coutume, qui se payait en volaille et dans certains cas en boisseaux d'avoine.

Il existait encore d'autres droits féodaux prélevés sur les successions, les ventes, les procès et certains objets vendus sur les marchés, mais ils n'avaient pas un caractère de permanence et de généralité. Tous ces divers impôts étaient de nature féodale ; les seigneurs laïques de St-Cyr, Chavigny, Charnesseuil les percevaient également dans l'étendue de leurs fiefs.

A ces différentes redevances s'ajoutaient les multiples contributions prélevées au nom du roi sur tous les roturiers de conditions diverses, et dont une classe de privilégiés ou nobles était en majeure partie exemptée. Je citerai notamment :

La taille royale. — Cette contribution était assise sur tous les héritages tenus en roture, et les biens des nobles ou privilégiés en étaient exempts. Dans la paroisse de St-Cyr, ces privilégiés étaient l'abbesse de Jouarre, le prieur de Reuil, le grand-prieur de l'ordre de Malte, les seigneurs laïques de St-Cyr, Chavigny, Charnesseuil, la Cour-de-Biercy ; mais les biens de ces privilégiés, lorsqu'ils étaient affermés, n'étaient pas exempts de la taille. La quotité de cette taille était de 20 pour 100 du prix du loyer. Le petit cultivateur ne labourant pas à la charrue était taxé uniformément de 5 livres 3 sols 3 deniers. L'assemblée des habitants désignait les pauvres ayant droit à l'exemption de la taille.

La capitation. — Cet impôt payé par tête et proportionnel au revenu de chacun, fut établi en principe sur tous les individus, mais tout le poids en retomba sur le peuple. Les nobles payaient cet impôt sur l'estimation qu'ils faisaient de leur fortune, et les ecclésiastiques le remplaçaient par un don gratuit.

Le vingtième. — L'impôt de ce nom frappait les revenus quelconques de tous les sujets du roi, nobles ou roturiers, prêtres ou laïques, de sorte que tout possesseur d'un revenu de 100 livres devait payer 5 livres aux mains des collecteurs de l'impôt (édit de 1749). En ce qui touche les forges, les moulins et les étangs, le vingtième n'était prélevé que sur les trois quarts du prix des baux.

Les aides. — Ces impôts indirects étaient perçus sur le vin, les boissons, le savon, le papier, etc.

La gabelle. — Cette contribution frappait le sel. En 1783, le sel se vendait à raison de 14 sols 3 deniers la livre au grenier d'abondance de Meaux, dont dépendait St-Cyr. Au-dessus de 7 ans, chaque membre de la famille était tenu obligatoirement de consommer 7 livres de sel par an.

En ce qui concerne les impôts indirects, je mentionnerai les droits prélevés sur le timbre des actes des notaires, des huissiers, et les droits sur les tabacs, dont l'usage était devenu assez fréquent.

En récapitulant toutes les charges que la classe agricole avait à supporter à la veille de 1789, on comprendra combien elle dut se réjouir lorsque l'Assemblée constituante eut aboli les droits féodaux, et surtout lorsqu'elle eut établi une équitable répartition des impôts en les rendant proportionnels aux facultés de chacun, sans distinction de personnes et de provinces.

Pour compléter les faits généraux que j'ai recueillis, touchant les impôts payés par les habitants de St-Cyr au XVIIIe siècle, je vais résumer une pièce originale qui m'a été communiquée en 1889, par M. Lemaire, archiviste du département de Seine-et-Marne. Cette pièce est un « *extrait de l'état des paroisses de* « *l'Election de Meaux pour l'année* 1771. *Arrêté à Meaux, en* « *département, le* 7 *octobre* 1770. *Signé à la minute : Berlier,* « *Mazois, Bocquet, de Chantereine, Himbert, Flegny, Bernier,* « *Denou, Pourcelt, Grignon, Gobert, Le Pelletier et Veuillet.* »

Elle donne d'abord le montant annuel de la taille payée par les habitants de St-Cyr de 1744 à 1770 inclus, puis un état détaillé de la situation arrêtée à Meaux le 7 octobre 1770, fixant la taille afférente à chaque locataire pour l'année 1771. Ces différents chiffres sont reproduits dans les deux tableaux suivants :

MONTANT DE LA TAILLE DE 1744 A 1770

ANNÉES	TAILLE (en livres)	ANNÉES	TAILLE (en livres)	ANNÉES	TAILLE (en livres)
1744	4.700	1753	4.470	1762	4.370
1745	4.900	1754	4.400	1763	4.610
1746	4.850	1755	4.590	1764	4.730
1747	4.750	1756	4.450	1765	4.270
1748	4.780	1757	4.500	1766	4.680
1749	4.750	1758	4.590	1767	4.470
1750	4.400	1759	4.740	1768	4.910
1751	4.335	1760	4.630	1769	4.910
1752	4.255	1761	4.790	1770	4.980

TABLEAU DE LA TAILLE AFFÉRENTE A CHAQUE LOCATAIRE POUR 1771

OBJET DE LA LOCATION	SITUATION	PROPRIÉTAIRES	LOCATAIRES	Superficie en arpents	Loyers en livres	Taille en liv. et sous
Ferme..........	Montgouin.......	Nicolas Salmon........	Aut. Pascal	70	530	108 15
—	Les Louvières....	Mr des Louvières......	Ch. Brulefert	135	750	154 »
—	—	Plusieurs.............	François Jolly........	74	398	81 15
—	—	Veuve Salmon.........	Germain Parnot	64	450	92 10
—	Courcelles-la-Roue	Comtesse de Blette	G rmain Brochet.....	138	1.100	226 »
Ferme et dîme	Vorpillières......	Religieux de Reuil.....	J.-B. Morel	116	950	195 »
Ferme..........	—	Gréban	Noël Chavin.........	150	1.100	226 »
Ferme et dime ...	St-Cyr.........	L'Abbesse (de Jouarre).	Jacques Boitet	175	1.521	312 10
Ferme..........	—	Plusieurs	Vve Jacques Derost...	72	760	156 »
Dime	—	L'Abb sse (de Jouarre).	Bruxelle............	»	650	133 10
—	—	—	Louis Boete	»	928	190 15
2 fermes	—	Plusieurs	Vve Pierre Colmon ..	140	1.130	232 05
Ferme..........	—	—	Vve Pierre Masson ...	102	642	131 15
Dime et ferme ...	—	L'Abbesse et plusieurs..	Nicolas Candas.......	65	790	102 »
2 fermes	—	Plusieurs.............	Nicolas Le Roux.....	158	876	180 »
Ferme..........	Gouin	Veuve Barbier	Pierre Dupont	150	1.188	244 »
—	—	Comte de Merle	Pierre Desmarets.....	200	800	164 05
—	—	—	Pierre Guillaume	65	400	82 »
—	—	Baronne de Ville et autres	Thomas Rem..nd......	233	1.356	278 10
2 petites dîmes...	—	Plusieurs............	24 habitants.........	419	2.498	512 05
				2.556	18.817	3.863 15
			Meuniers			
Moulin	St-Cyr.........	Comtesse de Blette	Jacques Grandin.....	»	220	45 05
—	Archet..........	L'Abbesse (de Jouarre).	Jean Bruslé........	»	300	61 10
—	Chavigny........	M. de Chavigny	Jean Ferdinand.......	3	300	61 10
				2.559	19.637	4.032 »
208 habitants, tous vignerons, manouvriers et journaliers, 5 livres, 3 sous, 2 deniers chacun....................						1.074 10
			Total			5.106 10

J'ai trouvé également sur le document de M. Lemaire les renseignements suivants :

1° Madame la Baronne de Ville est citée comme dame douairière de St-Cyr.

2° Nombre des feux de la paroisse.....	231
» chevaux.............	86
» vaches...............	204
» bêtes à laine..........	1.000

3° Mesure locale agraire : 18 pieds à la perche et 100 perches par arpent.

4° Prix des loyers par nature de produit et par arpent :

Terres labourables	6 à 8 livres
Prés	12 à 15 »
Vignes	12 »
Bois	8 »
Jardins et chenevières	16 »

5° Superficie du territoire en culture et non cultivé, 2,781 arpents se décomposant comme suit :

Les privilégiés..................	125 arpents
Les fermiers....................	1.911 »
Les autres habitants à loyer.......	533 »
Les habitants de leur propre et à rente	192 »
Total....	2.781 arpents

Les privilégiés exploitaient directement, c'étaient :

Madame la comtesse de Blette (1)..	113 arpents
L'abbaye de Jouarre	12 »
Total....	125 arpents

6° L'état de situation établi à Meaux pour la paroisse de St-Cyr, et dont j'ai donné ci-dessus copie fixait le montant de la taille, pour l'année 1771, à 5,106 livres 10 sous, mais les habitants proposèrent une diminution de 300 livres, sur le montant de l'impôt, applicable, savoir : 200 livres aux vignerons et manouvriers indigents et 100 livres à Noël Chavin, père de onze enfants. Il n'est pas fait mention de l'acceptation de cette proposition qui, probablement, fut rejetée en partie, car les gens du

(1) Cette comtesse de Blette était très probablement Marie Peirène de Moras, morte le 13 février 1773 et qui avait épousé Alexandre de Saint-Quintin comte de Blet.

roi fixèrent le montant de la taille à 5,000 livres ; par conséquent, la diminution effective ne fut que de 106 livres 10 sous.

SEIGNEURIE ECCLÉSIASTIQUE DE SAINT-CYR

L'abbaye de Jouarre possédait, à titre de seigneur féodal sur la paroisse de St-Cyr, comme propriétaire foncier, savoir : les moulins d'Archet et du Choisel, avec des terres labourables, des prés et des vignes dont le tout était productif au XVIIIe siècle d'un revenu approximatif de 2,000 livres.

De plus, les abbesses, à titre de seigneur ecclésiastique, jouissaient du droit de percevoir la dîme, tant des terres cultivées que du produit des vignes, ce qui constituait un revenu important qui varia de siècle en siècle proportionnellement aux progrès de l'agriculture.

Les renseignements les plus anciens indiquant les revenus du fief ecclésiastique de St-Cyr datent du XIIIe siècle. Ils sont renfermés dans un manuscrit existant à la Bibliothèque nationale (*Fonds français*, n° 11571). De ce précieux volume, qui contient le résumé des revenus dont jouissait l'abbaye Notre-Dame de Jouarre à l'époque précitée, j'ai extrait les renseignements suivants concernant exclusivement la paroisse de St-Cyr que l'on écrivait alors *St-Cire*.

APPENDANCES ET DIMES DE SAINT-CYR

	Arpents	Perches
	—	—
1° « *Deux pièces de terre qui sont entre St-Cire et le Chemin* »	31	»
2° « *Alenant de Loche-Guiart-Heri* »	7	»
3° Au même lieu	8	»
4° « *A la Couture* »	1	75
5° « *Au Molin Nuef* »	7	»
6° « *Aux Avernes de Bierci* »	7	»
7° « *Au Molin de St-Cire* »	4	»
8° « *En saucoiz prez et paaliz* »	13	»

9° Au champ dit « *Lonc-Banuel* », terre tenue à « *Champart* », produisant 5 setiers que se partageaient plusieurs seigneurs, savoir : l'abbesse de Jouarre, le seigneur de St-Cyr et le seigneur de Moras.

10° Au-dessous de « l'*Ermitière* », terre tenue à « *Champart* », valant 3 setiers par an.

11° La dîme du champ de « *Bois-Baudri* », laquelle valait par assolement : la première année 16 setiers et la deuxième 12 setiers ; aucune redevance n'était due pour la troisième année, le champ restant en jachère.

12° La dîme de « *Perruche Hideus à la rue du Chaufour* » valait 7 setiers ainsi que celle de St-Cyr (1).

13° La dîme des champs compris entre les bois « *Rigaut* », le chemin de « *Rebès* » (Rebais) et le bois « *Benoit* » (2).

14° « *A la Varane de St-Oien* » (St-Ouen). Ce champ dépendait de plusieurs seigneurs. Le tout valant un muid s'acquittait à l'abbaye.

15° La même dîme de St-Cyr s'adjugeait avec la dîme de l'abbaye et valait 6 livres.

16° La dîme des vins a produit, en 1277 (3), « *13 thonniaus* » (tonneaux). Il est observé qu'il y a des « *vinaigés* » sur lesquels la dame de « *St-Cire* » (4) a droit de cens. Ce « *vinaige* » de St Cyr valait par an 2 tonneaux.

17° Les hommes de l'église de Jouarre, quels qu'ils soient, possesseurs de charrues, doivent trois fois l'an la corvée, tant pour les dites charrues que pour les chevaux de traits. Les autres hommes ne dépendant pas de l'église (par exemple ceux du fief de St-Cyr) doivent la corvée de trois jours mais de un jour et demi pour l'église.

18° Le « *bois Rigaut est de la Compaignie* », c'est-à-dire qu'il dépendait du petit fief de Courcelles-la-Roue, lequel était possédé en partie par : l'abbesse de Jouarre, le seigneur de St-Cyr et le seigneur de Moras.

APPENDANCES DE LA MAIRIE DE SAINT-CYR

Les « *apendances de la mairie de St-Cire que tient Guillaumes le Hongres* » moyennant « *XV livres* » sont :

---

(1) *Perruche Hideus* dérive de *Parruca*, petite voie empierrée. *Hideus* en vieux français signifie : épines, broussailles. En 1602, au terrier de Jouarre et de St-Cyr, on trouve le lieu dit : *la Hideuse*, terre cultivée aux environs de Monthomé.

(2) Le bois Benoit était probablement situé au-dessous du bois du Ru-de-Verou.

(3) Je ne suis pas absolument certain de cette date.

(4) A l'époque dont il s'agit la dame de St-Cyr était probablement fille de *Rigaut de Villers*.

1° La moitié des « *mortes-mains* » et « *formariages* », plus la partie que l'abbaye de Jouarre a droit de prendre dans les amendes au-dessous de « *XV sols* », plus la partie attribuée à l'abbaye dans les « *lods et ventes* ».

2° Il a de plus le droit que possède l'abbaye sur les « *ostises* » de la « *compaignie* » (Courcelles-la-Roue), lequel droit est de 4 setiers dont jouissent alternativement pendant un an l'abbaye et la dame de St-Cyr.

3° De plus « *l'ostise Gautier le Gui* » (les Louvières), « *l'ostise Amiart* » (le Petit-Montgouin), « *l'ostise de la Prévosté* » (St-Cyr) et « *l'ostise Adam Maugier* » (probablement Villeneuve, près Gouin) doivent chaque année 4 setiers d'avoine.

Une observation faite au 47° folio du manuscrit indique qu'il manque 7 folios.

Aux folios 56 et suivants il est encore question de droits prélevés sur les habitants des divers hameaux de la paroisse de St-Cyr, dont jouissait l'abbaye de Jouarre. Ces droits sont ainsi désignés :

Les habitants du « *Mongouin* », de « *Courcelles-la-Roe* » (Courcelles-la-Roue), de « *Bierci* », de « *Roumenis* » (Romeny) qui ont des chevaux de trait furent taxés à trois sous par chaque cheval, ce qui équivaudrait aujourd'hui à 15 francs environ. Les habitants de « *Mongouin* » et de « *Bierci* » doivent la coutume appelée « *tansement* » *(tensamentum)*, droit payé au seigneur pour la protection qu'il accorde à son vassal, valant 3 muids et demi d'avoine. Les dits habitants possédant charrue, plus ceux de Biercy, de « *Glaroi* » (Glairet) et de « *Roumenis* » paient au « *doien* » (de Jouarre) un « *bichet d'aveine* » (d'avoine) chacun. Ce droit est de sergenterie.

Le four de « *Bierci* » vaut « *X sous* ».

Les vins qui viennent au cellier de l'abbaye sont :

1° De « *St-Cire la disme et le pressoraige* » (pressurage);

2° De « *Monthaumer la disme et le pressoraige* » ;

3° De « *Bierci la disme et le pressoraige* ».

Les archives de l'abbaye de Jouarre ayant été détruites presque complètement par le feu, lors de la prise du bourg par les Anglais, en 1436, il est peu probable que l'on puisse trouver un autre document plus complet que celui dont nous venons de parler, fournissant des indications détaillées sur l'ensemble des biens et revenus que possédait ce grand établissement religieux au XIVe et au XVe siècle.

Dans les dernières années du xve siècle, en raison de l'influence politique acquise par la classe bourgeoise des légistes, un certain nombre de petits impôts féodaux furent graduellement supprimés ou tombèrent en désuétude, mais, par contre, ces mêmes légistes s'appliquèrent à soumettre à l'impôt du cens toutes les propriétés ne relevant d'aucun seigneur et appelées en raison de ce fait *franc-aleu*. Or, parmi ces sortes de biens, se trouvait la longue bande de friche ou *larret*, *larris (larérius)* sur laquelle les habitants des hameaux de Courcelles, Vanry, Biercy, Monthomé faisaient paître en commun leurs bestiaux et dont ils se partageaient les produits naturels du sol. Malgré une paisible jouissance séculaire de ce domaine commun les habitants des hameaux précités et dépendants de l'abbaye de Jouarre furent astreints, en 1491, en vertu du principe : « nulle terre sans seigneur », à payer chacun annuellement à l'abbaye un denier de cens plus une poule de coutume par chaque ménage. En compensation, l'abbesse de Jouarre, Jeanne d'Ailly, fit donation aux habitants présents et à venir des hameaux précités de la propriété du sol dont ils avaient joui jusque-là sans payer d'impôt. Je reviendrai sur cette donation et ses clauses en parlant du hameau de Biercy.

Au cours du xvie siècle et au fur et à mesure du développement du pouvoir royal, l'ancien droit coutumier créé par la féodalité se modifia successivement, l'impôt prit des formes moins multiples, mais ne cessa pas pour cela d'être moins lourd pour les paysans cultivateurs. Toutefois, de véritables progrès furent accomplis, la petite culture fut florissante, au moins dans nos contrées, et en ce siècle la grande culture commença dans les plaines à prendre un développement important.

Naturellement les abbesses de Jouarre appliquèrent à leurs vassaux de St-Cyr, par l'intermédiaire de leurs conseillers, les prescriptions légales sanctionnées par la coutume de Meaux.

Les pièces relatives à cette époque, concernant la seigneurie de St-Cyr, et dont j'ai pu avoir connaissance, proviennent en majeure partie d'un manuscrit original rédigé au secrétariat de l'abbaye et donnant la minute des actes passés de l'an 1589 à l'an 1600. Dans le plus ancien de ces actes, qui est daté de 1591, il est fait mention du moulin du Choisel, lequel fut loué cette année-là à Mathieu Noblet, laboureur aux Louvières, moyennant 8 écus 1/3, avec droit de chasse-monnée. Il devait entretenir en bon état le dit moulin dont une meule était rompue. Avec ce moulin se trouvaient compris environ 25 arpents 41 perches, comprenant terre, bois et pré.

En 1591, bail à Augustin de Picquigny, meunier au Gouffre, du moulin d'Archet, comprenant, outre l'habitation et le droit de chasse-monnée, trois petites îles en «*saulsoyes*» et 2 arpents 32 perches de pré, moyennant un loyer de 2 muids 9 setiers de blé mouture.

En 1594, bail à Robert Picart de la «*cense et ferme*» de St-Cyr, comprenant la ferme de St-Cyr et une masure sise près l'église au lieu où se trouvait autrefois l'ancien hôtel seigneurial, avec 66 arpents de terre, vigne, pré et bois. Plus la mairie de St-Cyr avec « *les droits, honneurs et proficts* » en dépendant « *les amendes jusqu'à 20 sols* » seulement. Le tout à la charge de bien garder les droits et possessions de l'abbaye, de bien cultiver, de rendre loyalement la justice et de remettre le tout en fin de bail en bon et suffisant état. Prix du bail : 4 muids de grain, les 2 parts blé, la tierce avoine, plus un porc gras valant 10 livres, plus 4 chapons, 8 fromages, 4 livres de cire neuve pour le loyer des terres ; plus pour les prés, 53 livres 6 sols 8 deniers ; plus enfin pour la mairie la somme de 53 sols 4 deniers.

En 1599, bail à loyer pour 12 années de la ferme du *Ru de Vroust* et des grandes dîmes de Gouin par l'abbaye à Gastellier de Montguichet. Cette ferme comprenait, outre les bâtiments, 65 arpents environ de terre et pré moyennant un loyer par an de 7 muids, dont 14 boisseaux à livrer à la veuve Duchemin, à Meaux, 1 porc gras valant 8 livres, 12 fromages à 2 sols pièce et 4 livres de cire neuve, plus la charge de nourrir et loger 13 moutons de l'abbaye. *Convention spéciale :* Le locataire pouvait mener ses bestiaux au pâturage sur les accrus des étangs voisins hormis le temps de « *froy* » du poisson.

A l'égard du XVIIe siècle les renseignements qu'il m'a été possible d'obtenir sont peu nombreux. Il existe bien aux Archives de Seine-et-Marne un volumineux terrier en date de 1602 concernant Jouarre et St-Cyr mais ce travail est incomplet et ne fournit sur St-Cyr, en particulier, aucun détail pouvant être utilisé dans ce chapitre.

On trouve encore aux Archives nationales (R^2 56) une requête de Mme Marie de la Trémoille, en date de 1648, reproduite en partie dans l'*Almanach historique de Seine-et-Marne*, année 1891, par M. Henri Stein, mais cette requête ne paraît avoir pour but que de signaler les exactions commises sur le territoire de

St-Cyr, à l'époque de la Fronde, par les soldats du duc de Lorraine. Du reste, voici le résumé qu'en fait M. Stein :

« *Il y a six compagnies de recreuës du régiment de la Reyne de* « *présent*, 4 *avril* 1648, *logées en la dite paroisse de St-Cir dès* « *le* 27 *mars dernier, lesquelles vivent licencieusement, commettent* « *plusieurs concussions, font exceds et profusion de vivre et au-* « *tres biens, outragent de coups les pauvres habitans, rompent* « *les maisons et meubles; et aucuns ont été si téméraires que de* « *faire violence sur la pudicité des femmes et filles de quelques* « *particuliers; et, non contens de ce, tous les jours les soldats se* « *débandent par escouades et vont pillier les hameaux et fermes* « *des escarts des paroisses de Joüare et de Saacy, rompent les* « *portes, battent les habitans, emportent leurs vivres, volailles,* « *linges et autres hardes.*

« *Aucuns des dits soldats ont eu assez de témérité que de rom-* « *pre une boutique ou réservoir qui est proche le hameau de* « *Biercy en la petite rivière de Morain, dans laquelle ma dite* « *Dame Abbesse faict mettre tous les ans les provisions de poisson* « *de l'abbaye, ont pris et emporté grande quantité de poisson,* « *menacent de rompre et emporter le reste, mesmes de venir com-* « *mettre leurs insolences jusques dans le bourg de Joüare avec* « *plusieurs paroles insolentes et mespris de la dite dame de* « *Joüare du tout indignes à réciter.*

« *Pour obvier à tels désordres, il est nécessaire que ma dite* « *Dame fasse recommander la conservation de ses dites terres, les* « *faire oster de dessus la carte de Messieurs Le Tellier et de* « *Langlée et obtienne sauvegarde du Roy, de Monseigneur le* « *Prince ou autre général d'armée.*

« *A Joüare, ce* 4 *avril* 1648. »

Les documents venus entre mes mains et concernant les possessions de l'abbaye de Jouarre à St-Cyr, à partir du XVIIIe siècle, ont été plus étendus. Ils m'ont permis de connaître les faits suivants :

En 1709 le syndic de la paroisse et les principaux habitants tinrent une assemblée ayant pour but la nomination des divers gardes chargés de veiller à la conservation des récoltes et au maintien de l'ordre parmi les habitants. En 1710, Jean Rousseau, meunier du moulin de St-Cyr, ayant outrepassé son droit de « *chasse-monnée* » en conduisant des farines et du son à Choqueuse et au Couroy, paroisse de Jouarre, fut poursuivi devant le bailli et condamné à une amende de 10 livres, ainsi que les destinataires de la farine et du son.

D'autre part, en 1718, l'abbesse de Jouarre, Marguerite de Rohan-Soubise, fit acquisition, des héritiers de Mlle Leclerc, d'une ferme sise au Ru-de-Verou moyennant 7,000 livres et contenant 120 arpents.

La pièce la plus importante à signaler est le terrier de St-Cyr, exécuté de 1715 à 1734, terrier donnant la désignation des biens que l'abbaye de Jouarre possédait en ce lieu, à titre privé, et l'énonciation, tant des parcelles que du cens dû par chaque propriétaire. De ce document, j'ai extrait les renseignements qui suivent :

1° Le moulin d'Archet avec ses dépendances, consistait en 3 petites îles et en 2 parcelles de pré, le tout d'une contenance de 3 arpents 55 perches ;

2° La petite ferme de St-Cyr, située près de l'église (autrefois la Prévosté), comprenait bâtiments, grange et pressoir, plus environ 65 arpents de terre et pré;

3° La petite ferme du Ru-de-Verou comprenait habitation, bâtiments, cour, jardin et environ 70 arpents de terre, pré et bois en 18 parcelles;

4° Une autre ferme, au Ru-de-Verou, comprenait habitation, bâtiments, jardins et 102 arpents 50 perches, en 39 parcelles, en terre, pré et bois ;

5° Aux alentours de l'ancien moulin du Choisel, 25 arpents de bois, terre et pré.

La superficie de la censive de l'abbaye sur la paroisse de St-Cyr était d'environ 1,579 arpents de terre labourable, pré, vigne, pâture et bois, se subdivisant entre environ 250 censitaires, dont 109 avaient leur domicile en dehors de la paroisse. La quotité du cens était de 4 deniers par arpent, mais un certain nombre de censitaires se trouvaient en outre chargés d'un surcens ou rente foncière évaluée 39 livres 12 sols 10 deniers; de sorte que le revenu total de cette censive était de 65 livres 19 sols 3 deniers. Sur les 250 censitaires dont les noms figurent au terrier 84 seulement avaient leur habitation dans les limites de la censive. Parmi l'ensemble des censitaires 26 seulement étaient possesseurs d'une superficie dépassant 25 arpents, et, en dehors des fermes de l'abbaye, les plus grandes exploitations étaient celles du Petit-Montgouin, des Louvières, de Gouin et du Grand-Montgouin. Enfin, la partie du village de St-Cyr comprise dans adite censive consistait dans 8 habitations situées entre l'église et la ruelle conduisant à Archet.

En ce qui touche les dîmes que l'abbaye avait droit de prélever sur les terres en labour et sur le produit des vignes des habitants de la paroisse, mes documents établissent que l'abbesse de Jouarre possédait un pressoir banal dans les hameaux suivants : St-Cyr, Biercy, Archet et Monthomé.

SEIGNEURIE LAÏQUE DE SAINT-CYR

Cette seigneurie, qui comprenait la totalité du village de St-Cyr, moins l'église, le presbytère, la petite ferme de l'abbaye, le cimetière et 8 habitations de particuliers, avait pour limites : à l'est, les fiefs de St Ouen et de Chavigny ; au sud, le fief de Corbois ; puis, pour le surplus, tant à l'ouest qu'au nord, la seigneurie de l'abbesse. La superficie dudit fief était peu considérable, celui-ci ne comprenait en effet, au XVIIIe siècle, que les 200 arpents environ de la ferme de Montguichet et la majeure partie des petites parcelles en terre et vigne avoisinant le village.

Le château, résidence de Mme la baronne de Ville, en 1771, occupait l'emplacement de la demeure appartenant aujourd'hui à M. Théodule de Baudicour ; non loin de ce château, sur la rive gauche du Morin, se trouvait le moulin où les habitants du fief devaient obligatoirement faire moudre leur grain. Il existait aussi dans le village un pressoir banal à l'usage des vignerons du lieu.

Dans l'étendue du fief, les procès ressortissant à la moyenne et à la basse justice étaient jugés par un maire ou prévôt nommé par le seigneur ; celui-ci choisissait également le sergent auxiliaire du prévôt. Les affaires importantes ressortissaient au bailliage de Coulommiers et enfin le notaire qui procédait à la rédaction des actes relatifs aux droits de propriété et autres prenait le titre de substitut du tabellionage mais il n'exerçait sa fonction qu'avec l'agrément du seigneur.

Je ne saurais, en raison de l'absence de documents, établir quelles furent les causes qui présidèrent à l'érection du fief dont je m'occupe. Il est probable qu'à l'époque des incursions normandes un militaire possédait à titre bénéficiaire une partie du territoire qui devait s'appeler plus tard St-Cyr et que, pour se protéger ainsi que ses serfs contre les envahisseurs, il entoura sa demeure d'un ouvrage défensif. A cette demeure, située à peu de distance du groupe de cabanes occupées par quelques familles de condition servile cultivant le domaine, on aurait donné la dénomination de *Mons gui chettus*, expression correspondante à Mont de la protection ou de la défense. Dans le français du moyen âge, *Mons gui chettus* se transforma en *Montguichet*, dénomination que portait encore au commencement du siècle une ferme située à trois cents mètres snviron de la voie romaine qui reliait Doue à St-Cyr et à une distance à peu près égale de la voie romaine qui desservait la rive gauche du Morin.

Cette conjecture se justifie ou tout au moins est rendue plausible par l'ensemble des faits suivants, En 1871 j'ai rencontré à quelques pas de l'ancien colombier de la ferme de Montguichet, parmi des décombres provenant d'une fouille récente, plusieurs fragments de tuiles à rebords et d'imbrex qui, en raison de leur forme et des matières entrant dans leur composition, ne pouvaient être assimilés à des produits de la céramique de l'époque gallo-romaine, mais qui à n'en pas douter accusaient une fabrication remontant tout au moins aux dernières années du IXe siècle. D'autre part, un autre manoir du nom de Montguichet, situé également au flanc d'un coteau et non loin d'une voie romaine, servit de résidence, au moyen-âge, aux seigneurs du fief de Signy (hameau de la commune de Signet). Il est donc permis de supposer que le Montguichet voisin de St-Cyr put servir d'habitation au seigneur de ce village.

Si l'on pouvait objecter que les divers possesseurs de fiefs au XIIIe siècle avaient leur manoir situé au cœur même du village, je comprendrais que l'on puisse hésiter à accepter l'hypothèse que je préconise. Mais, loin de là, il résulte des textes consultés que de 1171 environ à 1260 environ, les possesseurs de fiefs eurent leur domicile en des lieux fort éloignés de St-Cyr et que, notamment au cours du XVe siècle, les possesseurs de notre fief étaient également titulaires de la seigneurie de la Brosse-St-Ouen dont le manoir leur servait de résidence.

Eutrope de Culant, qui vivait à la fin du XVe siècle et qui hérita de son père de la terre de St-Cyr, résida dans ce village où il y fit construire près de l'église un modeste château sur l'emplacement occupé aujourd'hui par la demeure de M. Théodule de Baudicour, toutefois Eutrope de Culant habita très probablement Montguichet pendant le temps nécessaire à la construction de sa nouvelle demeure. Jusqu'en 1789, ladite ferme de Montguichet servit de siège à la justice de St-Cyr en même temps que de demeure au fermier exploitant les terres du domaine particulier du seigneur.

Je dépasserais les bornes du travail que j'entreprends si je cherchais à démontrer que progressivement les concessions accordées à titre de bénéfice par Charlemagne et ses successeurs se transformèrent et tendirent à devenir héréditaires, ce qui donna naissance dans l'ordre politique au régime féodal. Je me bornerai donc à indiquer que, dès le commencement du xe siècle, Montguichet fut probablement le siège d'un petit fief dont les habitants du village voisin étaient serfs et cultivaient une certaine étendue de terre à eux concédée par le possesseur du fief à charge de redevances annuelles. Ce village, formé d'un certain nombre de chétives demeures, prit le nom de St-Cyr vers la fin du xiie siècle, date approximative du début de la construction de l'église paroissiale actuelle.

C'est en vain, je crois, que l'on chercherait à découvrir les noms que portaient les possesseurs du fief laïque de St-Cyr antérieurement aux 30 dernières années du xiie siècle. Selon moi, une partie appartenait à Rigault de Villers (près Lisy). Il devait la garde pendant 2 mois au château de Meaux (1). Cette énonciation est corroborée, à mon avis, par ce fait que, vers l'an 1200, Renauz de Villers-les-Rigault, fils du prénommé, possédait à St-Cyr des biens relevant de la châtellenie de Coulommiers (2); et encore par ce fait qu'un bois situé entre Montguichet et Courcelles-la-Roue, et dépendant du fief dont il est question, portait au xiiie siècle (3) et porte encore aujourd'hui la dénomination de bois Rigault.

Le successeur de Renauz de Villers fut Guillaume Rigault de Villers, qui vécut vers 1250 (4). Il possédait à St-Cyr des avoines, des poules et des hommes représentant un revenu annuel de « *dix livrées de terre* ». La livre de rente à cette époque correspond aujourd'hui à la valeur commerciale de 100 francs. Il détenait en outre 25 livrées de terre dans l'étendue de la châtellenie de Meaux et enfin du chef de sa femme il possédait 50 arpents de bois dans la forêt du Mans. Il devait 7 semaines de

---

(1) Aug. Longnon, *Livre des Vassaux de Champagne*, page 54, n° 800.

(2) Aug. Longnon, *Livre des Vassaux*, page 48, n° 729.

(3) *Cartulaire de l'abbaye de Jouarre*.

(4) A. Longnon, *Rôle des Fiefs*, page 46, n° 204.

garde au château de Meaux pour l'ensemble de ses possessions.

L'autre partie du fief en question appartenait, antérieurement à 1250, à Jean de la Grange Justin. Elle consistait en un moulin, une maison et divers revenus. Il tenait ces diverses propriétés en arrière-fief de Hugues de Mareuil. De cette énonciation, un peu moins vague que celles relatives aux possessions de Renauz et de Guillaume Rigault de Villers, on pourrait conclure par hypothèse que dès le milieu du XIIIe siècle la seigneurie laïque de St-Cyr se trouvait divisée en deux parties : l'une comprenant le village avec ses alentours, le moulin affecté aux habitants et la maison de Montguichet ; l'autre partie aurait été représentée par le bois Rigault et une certaine superficie de terre labourable située au voisinage du hameau de Courcelles-la-Roue. Je reviendrai ultérieurement sur ce sujet.

En ce qui regarde les possesseurs de la seigneurie laïque de St-Cyr au XIVe siècle, je n'ai pu malgré mes recherches trouver aucun renseignement, sinon qu'à cette époque la branche cadette de la famille de Culant vint s'établir dans la Brie, tandis que la branche aînée, qui compta le maréchal de Culant parmi ses membres, continua à habiter le Berry, son pays d'origine.

Plusieurs membres de la branche cadette furent seigneurs de St-Cyr et j'aurais pu les citer seuls dans cette étude, mais comme la plupart des autres membres possédèrent également en Brie de nombreux fiefs pendant le XVe, le XVIe et le commencement du XVIIe siècle, j'ai pensé qu'il serait intéressant pour le lecteur de connaître la généalogie complète de cette famille.

Les Culant furent, en effet, propriétaires des terres de :

Bernay (canton de Rosoy-en-Brie) ;

St-Ouyn (St-Ouen sur-Morin) ;

Busserolles (commune d'Orly) ;

Le Perron (1) et *La Brosse* (commune de St-Ouen) ;

La Motte d'Atilly, qui faisait probablement partie du territoire dénommé aujourd'hui : Férolles-Attily (canton de Brie-comte-Robert) ;

Chantaloup et *Beauchery* (canton de Villiers-St-Georges) ;

Savins et *Justigny* (canton de Donnemarie-en-Montois) ;

Pierre-Levée (canton de La Ferté-sous-Jouarre) ;

Bussy-St-Georges (canton de Lagny), etc.

Le dictionnaire de Moréri (édition de 1759) donne la généalogie

(1) Le fief du Perron s'appela au XVe siècle *Pérongoré* et plus tard *Péron-Gauré*.

de la branche cadette des Culant. D'autre part, j'ai trouvé dans les pièces originales (1) que possède la Bibliothèque nationale un Factum qui m'a permis de compléter certains détails de cette généalogie. Ce Factum fut rédigé pour Louis de Culant, chevalier, seigneur de la Brosse, qui plaidait contre Jean Grenouillet, seigneur de Sablières, lequel contestait les titres de noblesse du dit Louis de Culant.

Je n'ai pas limité la généalogie qui va suivre à l'énonciation des noms et des titres des membres de la famille cadette des Culant. J'ai indiqué, en même temps, les faits principaux venus à ma connaissance et auxquels chacun d'eux a été mêlé. Cette méthode d'exposition facilitera, je l'espère, la lecture de cette étude un peu aride et donnera certainement à mon récit une plus grande précision.

I. — GUILLAUME DE CULANT, seigneur de la *Brosse-St-Ouen* et de *St-Cyr* résidait au château de la Brosse au commencement du XV siècle. L'habitation qu'il possédait à St-Cyr, et qui n'était autre que l'ancien manoir de Montguichet transformé en ferme, fut occupé par le prévôt fermier de cette seigneurie. Guillaume de Culant était, en 1404, homme d'armes de la compagnie de Philippe de France, duc de Bourgogne, il mourut antérieurement au 21 juillet 1428. Moréri ne dit pas dans son dictionnaire si le seigneur de la Brosse-St-Ouen prit part aux luttes de cette époque et s'il servit le parti des Anglo-Bourguignons ou le parti du dauphin que Jeanne d'Arc conduisit à Reims pour y être couronné roi de France, mais il indique que Guillaume de Culant épousa Marguerite de Dicy, dame d'*Atilly*. De ce mariage naquirent six enfants, savoir :

1° **Claude**, seigneur de *Bernay ;*

2° **Philippe,** seigneur de *St-Ouyn* et de *St-Cyr*, qui fit hommage de ces deux seigneuries en 1443, à Catherine d'Alençon, duchesse de Bavière, dame châtelaine de *Coulommiers* ;

3° **Guillaume,** deuxième du nom qui suit ;

4° Louis, seigneur de *Bernay*, après la mort de son frère aîné. Marié à Estremette de Vaux ;

5° *Savin ;*

6° *Justigny ;*

---

(1) Volume 953, folio 86.

Ces trois derniers formèrent les branches de *Bernay*, *Savin* et *Justigny*.

II. — GUILLAUME DE CULANT, deuxième du nom, seigneur de *St-Ouyn*, de *St-Cyr*, de *Busserolles*, du *Péron-Gauré* et de la *Motte d'Atilly*, mourut vers 1471. Il épousa Marguerite de Thumery, dont il eut :

1° **Claude**, qui suit ;

2° **Eutrope,** seigneur de *St-Cyr* (tige des seigneurs de St-Cyr),

3° **Martin**, qui vendit à Claude, son frère aîné, la maison qu'il avait à Paris, appelée l'hôtel de Culant, située rue Vieille-du-Temple ;

4° **N...** de Culant, femme de Jean de la Roque, seigneur de *Bussy-St-Georges*.

III. — CLAUDE DE CULANT, seigneur de *St-Ouyn*, du *Perron*, de *Busserolles* et de *Pierre-Levée*, rendit hommage pour sa terre du Perron, le 25 janvier 1472, à Jean, comte de Roucy, seigneur de *Montmirail* et de *La Ferté-Gaucher;* il se maria à Jeanne de Veres, dame de *Vaucourtoys*, (canton de Crécy-en-Brie) et il voulut, par acte du 4 janvier 1486, que la maison nommée l'hôtel de Culant, acquise de son frère Martin avant son mariage, devînt commune à sa femme. Il mourut vers 1505. Leurs enfants furent :

1° **Claude**, deuxième du nom, seigneur de *St Ouyn* et de *Pierre Levée*, nommé le 1er octobre 1509, avec les nobles du bailliage de Meaux, dans le procès-verbal de la rédaction de la coutume du dit bailliage;

2° **Robert,** seigneur du *Perron* et de Courcilly, marié avec Claude de Marconville ;

3° **Nicolas,** qui suit ;

4° **Denys,** seigneur de *Busserolles*, marié à Catherine Thuillier ;

5° **Jeanne**, qui épousa d'abord Jean de La Rue, et ensuite Jean Desguerres ;

6° **Claudine**.

IV. — NICOLAS DE CULANT, premier du nom, seigneur de *St-Ouyn* et de *la Brosse* commença à servir dans la compagnie d'ordonnance du maréchal de la Marck, dont il devint enseigne. Il mourut le premier jour de l'an 1542. Il avait épousé, en 1529, Edmée de Blocqueaux, dont il eut :

1° **François,** seigneur de *St-Ouyn,* marié en 1547 avec Marie Le Verjeur ;

2° **Nicolas,** deuxième du nom qui suit ;

3° **Roberte,** femme de Charles de Gombault, seigneur de Vasseux, gentilhomme ordinaire de la chambre du roi.

4° **Marguerite,** femme de Jean de Lezique.

V. — NICOLAS DE CULANT, deuxième du nom, seigneur de *la Brosse,* gentilhomme de la maison du roi, mourut en 1596. Il avait épousé, en mars 1557, Louise de Postel. De ce mariage :

1° **Jacques.**

2° **Louis,** qui suit.

VI. — LOUIS DE CULANT, premier du nom, seigneur de *la Brosse,* gentilhomme ordinaire de la maison du roi, décédé en 1623, épousa, en 1595, Catherine de Bresne. De cette union naquirent 11 enfants :

1° **Louis,** qui suit ;

2° **François,** seigneur de *Montceaux* (1), marié à Marie Delaurens ;

3° **Antoine,** prieur de *Montceaux ;*

4° **Nicolas,** chevalier de Malte, seigneur de *St-Ouen ;*

5° **Guillaume,** chevalier de Malte, seigneur de *la Brosse ;*

6° **Pierre ;**

7° **Nicolas,** qui fut capitaine en Hollande.

8° **Louise,** qui fut religieuse au Paraclet ;

9° **Marguerite ;**

10° **Catherine ;**

11° **Gabrielle.**

VII. — LOUIS DE CULANT, deuxième du nom, seigneur de *la Brosse, St-Ouen,* fut capitaine-lieutenant de la compagnie de chevau-légers de M. le duc d'Angoulême, major du Régiment, colonel maréchal des logis, général de la cavalerie légère et député de la noblesse au bailliage de Sésanne (arrondissement d'Epernay) pour assister aux

(1) Il existe, dans le département de Seine-et-Marne, trois localités portant ce nom, mais je n'ai pu déterminer celle dont le fief appartenait à François de Culant.

Etats-Généraux du royaume, il avait épousé Louise de Veclu, dont il eut :

Louis, qui suit.

VIII.— LOUIS DE CULANT, troisième du nom, seigneur de *la Brosse*, de *Savins* et de *Justigny*, épousa Anne Delbesse.

Je ne poursuivrai pas davantage cette généalogie, les descendants de Louis de Culant n'ayant possédé, à ma connaissance, aucun fief dans la Brie.

Pour ne pas dépasser les limites de mon sujet j'ai concentré mes recherches sur les seigneurs de St-Cyr en commençant par Eutrope de Culant qui fut vraisemblablement le premier qui résida dans ce fief. Il existe de lui aux Archives de Seine-et Marne trois pièces le concernant.

La première, en date de 1471, est relative à une transaction passée entre le dit seigneur et Madame Jeanne d'Ailly, alors abbesse de Jouarre, relativement à la délimitation de leur seigneurie respective.

La seconde, en date de 1485, comprend une énumération détaillée des bornes servant de limites entre la seigneurie de St-Cyr et la seigneurie de Chavigny appartenant à Guillaume de Chavigny.

La troisième, consiste dans un registre de recettes et de dépenses établi vers 1506 par Gilles Josse, prévôt et fermier d'Eutrope de Culant, résidant à Montguichet. Dans ce registre, dont je n'ai pu complètement effectuer le dépouillement, il est fait mention de sommes versées à des ouvriers pour la réparation du moulin de St-Cyr, la construction de murs et l'établissement de couvertures (1).

Je n'ai pu, à mon regret, étudier avec une suffisante attention l'ensemble des pièces nombreuses comprises dans la série citée plus haut, mais ceux qui auront le loisir et la patience, joints à une connaissance des lieux, pourront recueillir des faits intéressants touchant l'histoire de St-Ouen et de St-Cyr ; ils pourront ainsi apprécier l'intensité des perturbations causées au XVIe siècle, dans notre pays, par les luttes armées des factions d'Armagnac et de Bourgogne et par le séjour prolongé des troupes du roi d'Angleterre, disputant à Charles VII la couronne de France. Ils découvriront aussi, j'en ai presque la certitude, qu'Eutrope de

(1) Papiers de l'émigré Montmorency, série E de l'inventaire, pages 128 et suivantes.

Culant fut le premier seigneur de St-Cyr qui fixa sa résidence en ce village, dans le petit château qu'il fit construire à peu de distance au nord de l'église, et non loin du moulin banal affecté aux habitants du fief.

En prenant comme point de départ Eutrope de Culant, la généalogie de ses descendants qui furent après lui seigneurs de St-Cyr, s'établit comme suit :

I. — EUTROPE DE CULANT qui succéda, avant 1741, comme seigneur de *St-Cyr*, à Guillaume, deuxième du nom, son père. Il mourut vers 1519. Ses deux fils furent :

1° **Claude**, qui suit ;

2° **Louis**, qui fut protonotaire du Saint-Siège et doyen d'Oyron.

II. — CLAUDE DE CULANT, fut seigneur de *St-Cyr* après la mort de son père. Ses enfants furent :

1° **Philippe**, qui suit ;

2° **Hélène**, qui épousa Adrien Desfossés.

III. — PHILIPPE DE CULANT, hérita du fief de *St-Cyr*. Il épousa Anne de la Fontaine, dont il eut :

1° **Louise**, mariée à Louis de Milliaux, chevalier du Van et du Forez ;

2° **Béatrix**, mariée à Philippe de Fleury, comte de Buat, qui suit. Dans les dernières années du XVIe siècle, dame Hélène de Culant, veuve Desfossés, abandonna la nue-propriété de sa part du fief de St-Cyr à son neveu Philippe de Fleury à la condition qu'il ajouterait à son nom celui de Culant.

IV. — PHILIPPE DE FLEURY DE CULANT, comte de Buat, seigneur de *St-Cyr*, eut de Béatrix de Culant :

Henri qui suit ;

V. — HENRI DE FLEURY DE CULANT, comte de Buat, seigneur de *St-Cyr*, marié en Hollande, vers 1697, à Elisabeth-Marie Musch.

Les faits que j'ai recueillis touchant Eutrope de Culant et ses descendants sont les suivants :

Claude de Culant eut, en 1531, une contestation avec Magdeleine d'Orléans, abbesse de Jouarre, dont le meunier d'Archet se permettait de moudre pour les habitants de St-Cyr au préjudice du réclamant.

Philippe de Culant, marié à Anne de la Fontaine, fut maître d'hôtel du roi Henri II. Il mourut antérieurement à 1550 et ses biens se partagèrent dans une certaine proportion entre Louise de Culant, sa fille, et Hélène de Culant, sa sœur.

Madame Anne de la Fontaine au nom de ses filles mineures et madame Hélène de Culant, veuve d'Adrien Desfossés, possédèrent chacune une partie du fief de St-Cyr. Madame de la Fontaine habita le château avec ses enfants, tandis que sa belle-sœur résida à Chamigny.

En 1550, Madame de la Fontaine, au nom de ses filles mineures, fit bail pour neuf ans de la ferme de Montguichet et renouvela cette convention en 1559. Dans le courant de cette dernière année, elle loua, à Jean Dherot, le moulin à blé de St-Cyr et ses dépendances, à raison de 3 muids, 5 setiers, 3 boisseaux de froment par an.

En 1579, Anne de la Fontaine et Hélène de Culant firent un accord avec François de Chavigny touchant la régularisation du cours d'eau de Morin desservant leur moulin respectif.

En 1583, Hélène de Culant, en sa qualité d'usufruitière, conjointement avec Louis de Milliaux, mari de sa nièce, Louise de Culant, fit bail de la ferme de Montguichet. Elle renouvela cette convention en 1602 avec Jacques Frazier, moyennant 7 muids de grain, 2/3 blé et la tierce avoine.

Après le décès d'Hélène de Culant, son neveu, Philippe de Fleury de Culant, comte de Buat, en sa qualité de seigneur de St-Cyr, Courcelles-la-Roue, la forêt de Joz, gentilhomme servant de la maison du roi, capitaine d'une compagnie d'infanterie de Monseigneur de Chatillon, au pays de Hollande, fit bail, en 1618, à Jean de la Voste, laboureur, demeurant à Montguichet, de la petite ferme de St-Cyr, contenant 67 arpents, faisant partie de la basse-cour de la maison seigneuriale de St Cyr, plus 5 arpents de pré.

De ce qui précède, on peut conclure qu'à la date sus-indiquée Philippe de Fleury de Culant était possesseur des biens de sa tante Hélène de Culant, ainsi que des propriétés advenues à Louise de Culant, femme de Louis de Milliaux, lesquels formaient ensemble la partie laïque du fief de St-Cyr, naguère possédé par Eutrope de Culant.

Cette énonciation se trouve confirmée par un acte en date

de 1637, contenant location pour 9 ans du revenu de la seigneurie de St-Cyr, comprenant le moulin, la basse-cour, les fermes, etc., moyennant 1,800 livres. De plus, en 1646, c'est-à-dire deux ou trois ans seulement avant son décès, Philippe de Fleury fit bail séparément du moulin de St-Cyr à Nicolas Petit moyennant 135 livres.

Henri de Fleury de Culant, comte de Buat, hérita du fief de St-Cyr et de ses dépendances ; sa femme, Elisabeth-Marie Musch, vint tardivement habiter son château de St-Cyr, elle survécut un certain nombre d'années à son mari et mourut en 1699 ; son corps fut inhumé le 7 août dans la chapelle qu'elle avait fondée en 1696, dans l'église de St-Cyr et qui portait encore son nom en 1730 (1).

Elisabeth-Marie Musch eut l'usufruit des biens de son mari, décédé hors de la paroisse de St-Cyr. Elle avait donné à bail, en 1671, le revenu de la seigneurie de St-Cyr à Henry de Cheverry, procureur au bailliage de Jouarre. En 1698, elle afferma la totalité du revenu de son domaine à Claude Gérard de Barussel, moyennant 2,000 livres 500 bottes de foin et 18 setiers d'avoine.

Après le mort de Mme Marie Musch, qui n'eut probablement pas d'enfants, ses héritiers vendirent vers 1700 le château de St-Cyr et le domaine en dépendant à Me François Pillon.

FRANÇOIS PILLON, devenu seigneur de *St-Cyr*, autorisa, en 1703, Anne Desprez, sa femme, à passer bail en son nom, moyennant un prix annuel de 1900 livres pour les trois premières années et de 2,050 livres pour les neuf autres, des terres de la seigneurie de St-Cyr et de la ferme de l'Hermitière, récemment acquises par lui. Vers 1712 il vendit son domaine de St-Cyr à messire Louis Peirène, seigneur de *Moras*.

Le lecteur trouvera à la page 41 la généalogie pour deux générations de la famille Peirène (dénommée Peyrene ou Peirenc dans certains actes). J'ai pu établir cette généalogie en rapprochant de mes documents personnels les renseignements qui m'ont été fournis par le *Calendrier de la Chenaye des Bois* (édition de 1749). Ce tableau était intéressant à faire si l'on considère que les Peirène possédaient, en dehors de la seigneurie de St-Cyr, le fief de Moras dont le domaine faisait partie du territoire dépendant aujourd'hui de la commune de Jouarre.

LOUIS PEIRÈNE, seigneur de *St-Cyr*, fût gentilhomme de la

(1) *Histoire de l'église de Meaux*, par Toussaints du Plessis.

N. PEIRENC ou PEYRÈNE DE MORAS

1° ABRAHAM PEIRENE, Seigneur de MORAS, maître des requêtes de l'hôtel du Roi, premier baron de Forest, comte de Clinchamps.
Marié le 20 novembre 1732, à Anne-Marie-Joséphine de Farges.
De ce mariage naquirent :
1° **François-Marie**;
2° **Louis** ;
3° **Anne-Marie** ;

2° MARIE-PEIRENE DE MORAS.
Morte le 17 février 1773.
Mariée le 9 novembre 1724, à Alexandre de St-Quintin, comte de Blet, qui fut, en 1727, sous-lieutenant des chevau-légers d'Anjou, capitaine-lieutenant de la même compagnie le 20 mai 1731, puis capitaine de la compagnie des gendarmes anglais le 15 mars 1740, brigadier d'armée le 20 février 1743 et enfin Maréchal-des-camps le 1er mai 1745.
Il mourut à Berg-op-Zoom (Hollande), le 23 février 1748, dans sa quarante-sixième année.

3° LOUIS PEIRENE DE ST-CYR.
Gentilhomme de la Maison du Roi. Mort en juillet 1738.
Marié à Marie-Jeanne-Barberie de Courteilles, morte à 24 ans, le 17 juin 1723.
De ce mariage naquit :
Jeanne-Marie.

1° FRANÇOIS-MARIE PEIRENE de MORAS, Seigneur de ST-CYR, Ministre et ancien secrétaire d'Etat au Département de la Marine. Marié à Marie-Jeanne-Catherine de Seychelles. Ministre d'État et ancien contrôleur général des Finances.

2° LOUIS PEIRÈNE.
Seigneur de ST-PRIEST, conseiller au Parlement en 1743.

3° ANNE-MARIE PEIRÈNE DE MORAS.
Mariée en février 1750, à Charles-Louis Merles de Beauchamps, ambassadeur de France à Lisbonne.

JEANNE-MARIE-DOMINIQUE PEIRENE DE ST-CYR. Morte vers 1737.
Mariée le 4 septembre 1735, à Jean-Baptiste de Barral de Montferrat.

maison du Roi ; il avait épousé Marie-Jeanne Barberie de Courteilles, morte à vingt quatre ans, le 17 juin 1723, laissant une fille, Jeanne-Marie-Dominique Peirène de St-Cyr, mariée le 14 septembre 1735 à Jean-François-Baptiste de Barral de Montferrat. Jeanne-Marie-Dominique Peirène mourut vers 1737.

Messire Louis Peirène vint presque immédiatement après son acquisition fixer sa demeure au château de son nouveau fief, il y fut presque obligé, d'ailleurs, car il avait entrepris à cette époque la reconstruction de son château de Moras.

Exécuteur des volontés de sa mère il fit, en 1726, à l'hospice de Jouarre, une donation d'une somme de 4,000 livres, à charge par cet établissement charitable d'apprendre à écrire, à lire et à calculer aux filles pauvres de la paroisse. Il eut à cette même date des contestations avec l'abbesse de Jouarre touchant les limites de leur fief respectif.

Louis Peirène décéda à St-Cyr en 1738, à l'âge de cinquante et un an ; il fut inhumé dans la chapelle de la Vierge de la dite paroisse. L'acte de décès est signé par le seigneur de Chavigny de Corbois et par la plupart des curés des villages voisins (1).

FRANÇOIS-MARIE PEIRÈNE, comte de *Moras*, succéda à Louis Peirène, son oncle, comme seigneur laïque de *St-Cyr*, mais il n'habita pas la Brie. Ses occupations, comme ministre et secrétaire d'Etat au Département de la Marine ou comme contrôleur général des Finances ne lui laissèrent pas le loisir de s'intéresser beaucoup à ses domaines, sauf pour en encaisser les revenus.

Il avait épousé Marie-Jeanne-Catherine de Seychelles dont il n'eut pas d'enfants.

La famille Peirène, anoblie de fraîche date, est citée dans l'*Armorial de l'Ile-de-France*, (par Dubuisson), comme portant : *de gueules, semée de pierres d'or, à la bande d'argent brochant sur le tout.* Ces pierres d'or pourraient être prises comme un emblème de sa profession de financier, mais j'incline à croire qu'elles sont une allusion directe aux précieuses pierres meulières qu'on exploitait alors sur son domaine de Moras.

François Peirène, agissant comme seigneur de St-Cyr, transigea en 1749 avec Catherine de Montmorin, abbesse de Jouarre, relativement aux limites de leur seigneurie respective en prenant pour base les conventions passées en 1471 entre Eutrope de Culant et Jeanne d'Ailly. L'année suivante, il eut avec le seigneur

(1) *Registre paroissial.*

de Chavigny une contestation concernant la délimitation de leurs possessions contiguës. Cette fois encore un accord intervint. Il n'en fut pas de même à l'égard du droit que prétendait avoir le seigneur de Chavigny, tant pour lui que pour sa famille, d'être inhumé dans le sanctuaire de l'église de St-Cyr et de jouir d'un banc particulier dans le chœur de ladite église. Le juge se prononça en faveur de François Peirène et décida que les seigneurs de St-Cyr pourraient seuls réclamer le droit d'être inhumés dans le sanctuaire. En compensation, il accepta que les seigneurs de Chavigny aient leur banc particulier dans la chapelle de la Vierge et qu'ils soient inhumés dans cette même chapelle.

Peu après la mort de François-Marie Peirène le château de St-Cyr et la majeure partie du fief de ce lieu furent acquis par la baronne de Ville.

La baronne DE VILLE (née BARBE-BESSE), avait épousé :

En premières noces, messire Joseph-Charles de Courcelles.

En secondes noces, le baron Arnold de Ville, magnat de Hongrie et propriétaire du château de la Brosse-St-Ouen. La baronne de Ville mourut en 1772. De son second mariage elle avait eu :

> **Anne-Marie Barbe de Ville**, mariée le 11 décembre 1730 à Anne-Léon de Montmorency, marquis de Fosseux, chef des noms et armes de la maison.

ANNE-LÉON DE MONTMORENCY, premier du nom, devint propriétaire du château de St-Cyr et d'une partie du fief de ce lieu. Ce fut probablement son mariage avec Anne-Marie Barbe de Ville qui le rendit possesseur de cette seigneurie.

Pendant toute sa carrière militaire, qui fut assez brillante, d'ailleurs, il ne vint pas souvent habiter le château de la Brosse. Ses titres de noblesse étaient nombreux et j'en ai trouvé la liste détaillée dans le *Nobiliaire universel*, par St-Allais (1). Cet auteur donne également, comme suit, la nomenclature des services militaires de Anne-Léon de Montmorency : Baron de Fosseux, premier baron chrétien, premier baron de France, seigneur de Courtalain, etc., né en 1705, le 14 septembre ; successivement capitaine-lieutenant de la compagnie de gendarmerie d'Anjou en 1735, brigadier de cavalerie le 20 février 1743, capitaine-lieutenant des gendarmes de la Reine, en décembre 1741, maréchal de camp le 1er mai 1745, menin du

(1) Tome XIX, page 351.

dauphin en 1746, lieutenant-général des armées du roi le 10 mai 1748, nommé chevalier des Ordres le 2 février 1749, chevalier d'honneur de Mme Adelaïde, le 25 septembre 1750, gouverneur de Salins (1), le 4 octobre 1752, nommé le 21 octobre 1771, commandant en chef du pays d'Aunis (2). Il servit au siège de Kelh et de Philippsbourg (duché de Bade) en 1743, de Fribourg en 1744 ; à la bataille de Fontenay en 1745, aux sièges de Tournai, d'Oudenarde, de Dendermonde et d'Ath (Belgique) la même année ; couvrit avec l'armée les sièges de la citadelle d'Anvers, de Mons, de Charleroi, servit à celui de Namur et combattit à Raucoux (Belgique), en 1746, à Lawfeldt (Hollande), en 1747 et couvrit le siège de Berg-op-Zoom. En 1757, il se trouva à la bataille d'Hastenbeck (province de Hanovre), et concourut à la prise de l'électorat d'Hanovre. Il mourut le 27 août 1785.

Il avait épousé :

1° Anne-Marie Barbe de Ville, déjà citée, qui mourut le 23 août 1731.

2° Le 23 octobre 1752, Marie-Madeleine-Gabrielle de Charette de Montebert, dont il n'eut pas d'enfants.

De son premier mariage vint :

Anne-Léon, deuxième du nom qui suit :

ANNE LÉON DE MONTMORENCY-FOSSEUX, deuxième du nom, duc de Montmorency, premier baron chrétien, premier baron de France, prince souverain d'Aigremont, baron libre de l'Empire et des deux Moldaves, comte de Gournai, Tancarville et Creuilli, marquis de Seignelai de Crèvecœur, etc., connétable héréditaire de la province de Normandie, maréchal-des-camps et armées du Roi, le 27 juillet 1762 et menin de M. le Dauphin, naquit le 11 août 1731. Il servit au siège de Namur et combattit à la bataille de Raucoux en 1746. Guidon de la compagnie des gendarmes de la Reine par brevet du 20 janvier 1747 avec rang lieutenant-colonel de cavalerie par commission du même jour, il combattit à Lawfeldt le 2 juillet et servit au siège de Maestricht au mois d'avril 1748. Capitaine-lieutenant de la même compagnie par provision du 1er juin avec rang de mestre-de-camp de cavalerie par commission subséquente, il commanda cette compagnie au camp de Closterseven et de Zell en 1757 ; il se trouva

(1) Place forte de la Franche-Comté.

(2) La plus petite des anciennes provinces de la France, située entre le Poitou, au Nord, l'Océan à l'Ouest, où elle comprenait les îles de Ré et d'Oléron.

au combat de Sundershausen, à la prise de Cassel et de la Hesse, à la bataille de Lutzelberg en 1758, à celle de Minden en 1759, aux affaires de Corbach et de Warbourg et à la bataille de Closter-camp (Prusse) en 1760.

Il avait épousé :

1° Le 27 janvier 1761, Marie-Judith de Champagne, morte le 23 mai 1763, laissant un fils, qui mourut à l'âge de trois ans, le 20 septembre 1765 au château de la Brosse-St-Ouen ;

2° Le 6 octocre 1767, Anne-Charlotte de Montmorency-Luxembourg, nommée dame de Mme la Dauphine le 20 septembre 1771. Elle apporta à son mari le nom de duc de Montmorency que celui-ci prit avec la permission du Roi, suivant lettres patentes données à Versailles en décembre 1767, enregistrées au Parlement de Paris le 14 mars de l'année suivante.

Anne-Léon de Montmorency, deuxième du nom, hérita très probablement de son père du fief laïque de St-Cyr ; toujours est-il qu'en 1779, le duc était propriétaire du château de St-Cyr et de la ferme de Montguichet et qu'à cette date il fit réparer ce château qui, dès lors, servit de résidence à son architecte et ami, M. Saget des Louvières.

Le duc de Montmorency fut le dernier seigneur de St-Cyr, je ne poursuivrai donc pas la généalogie de cette branche des Montmorency et je me contenterai d'indiquer que son dernier descendant fut Anne-Raoul-Victor, duc de Montmorency, décédé en 1862, sans postérité.

Après son mariage avec sa cousine, Léon de Montmorency continua à habiter fréquemment le château de la Brosse-St-Ouen où il fit effectuer de notables embellissements.

Il accepta sans trop grande répugnance les modifications politiques et administratives inaugurées par les Etats-Généraux et par l'Assemblée Législative, mais le duc ne put se résigner à assister passivement à la subalternisation de la Royauté et à la prépondérance croissante des représentants de la Nation. Aussi, dans les premiers mois de 1792, il prit le chemin de l'exil et alla rejoindre à Coblentz ceux qui méditaient avec le concours de l'étranger de mettre un frein au développement de la Révolution et de rendre à la Royauté son antique prestige.

Cette détermination de Léon de Montmorency eut pour conséquence la mise sous séquestre de ses biens, lesquels furent vendus nationalement en 1794. Parmi ses biens se trouvait le château de St-Cyr, lequel fut vendu le 4 floréal an II (mai 1794) à Claude-Sulpice Picard de Maisoncelles moyennant 39,100 livres, payables en assignats, soit en argent 17,985 francs.

Ce château comprenait :

« Un grand corps de logis mesurant 76 pieds de façade, « 28 pieds de large et 24 pieds de hauteur, jusqu'à la couverture, « laquelle était en tuiles ; le tout distribué au rez-de-chaussée en « cuisine, fournil, office, 2 chambres à coucher, salle à manger, « vestibule et salon, plus au premier 7 chambres, dont 5 à feu « et 4 cabinets.

« Plus, à l'ouest du précédent, un autre corps de bâtiment, me- « surant 17 pieds sur 16, même hauteur de 24 pieds ; servant de « fruitier avec chambre au premier et grenier au-dessus.

« Plus un autre bâtiment au nord-ouest du premier, servant de « laiterie mesurant 10 pieds sur 12 et quinze en hauteur ; petite « cour au nord de la dite laiterie avec passage au nord de la dite « cour.

« Plus un bâtiment servant d'étables à vaches et toits à porcs « avec cour à fumier.

« Plus un autre corps de bâtiment ayant 86 pieds de long, 28 de « large et 18 pieds de hauteur, distribué en deux écuries, re- « mises, laiterie, petite étable et grenier.

« Plus un autre bâtiment de 30 pieds sur 24 appelé la Maison « du Jardinier.

« Plus un autre bâtiment de 30 pieds sur 24 ayant 18 pieds de « hauteur.

« Plus, à l'ouest et au midi des dits bâtiments et cour, un « jardin d'une contenance d'environ 3 arpents.

« Plus enfin, à l'est des dits jardins, un pré à regain de 4 ar- « pents 10 perches.

« Le tout situé commune de la Fraternité, ci-devant St-Cyr. »

En second lieu, à la date du 13 germinal, an II (avril 1794), la ferme de Montguichet, qui constituait le principal revenu de l'ancien fief de St-Cyr, fut vendue au district de Rozoy au même Claude-Sulpice Picard, moyennant 70,500 livres payables en assignats, soit en argent 32,785 livres.

Cette ferme comprenait alors :

« 1° L'habitation du fermier, consistant en cuisine, chambre « basse, laiterie et écuries, plus trois chambres au premier étage « avec grenier régnant sur le tout, couvert de tuiles, plus un « appentis servant de toits à porcs et de poulailler.

« 2° Un petit bâtiment servant de salle par bas, chambre par « haut et grenier dessus.

« 3° Un pavillon servant de colombier, sous lequel il existait « une cave.

« 4° Au bas de la cour, vers le nord, un bâtiment de 90 pieds « de long, 20 pieds de large, servant de bergeries, étables à « vaches et laiteries, le tout couvert de tuiles.

« 5° A l'ouest de la cour, un bâtiment de 66 pieds de long et « 18 de haut, servant de grange et d'écurie ; dessus couvert de « tuiles ; puits et abreuvoir dans la cour.

« 6° Clos et jardin fermés de haies à l'orient, contenant « 2 arpents 1 perche.

« 7° Au nord de la ferme, une friche plantée de noyers, con- « tenant 9 arpents 32 perches, tenant du midi aux bâtiments de « la ferme, du nord et de l'est aux vignes, et de l'ouest au « bois Rigault, plus des terres en labour s'entretenant et situées « aux alentours de la ferme. »

Depuis l'abolition du régime féodal, le château, siège de l'ancien fief de St-Cyr, passa des mains de Claude-Sulpice Picard en celles d'un sieur Terwagne qui l'habita avec sa famille.

En 1849, les héritiers Terwagne vendirent l'ancien château et ses dépendances à M. Collette de Baudicour, ancien juge au Tribunal de la Seine et propriétaire du château de Chavigny, de la ferme de Corbois et de la ferme de Montguichet. L'ancien château de St-Cyr, restauré par M. de Montmorency, vers 1780, se trouvait, en 1849, en fort mauvais état. M. de Baudicour en entreprit la restauration et parvint à transformer cette vieille demeure en une confortable habitation servant actuellement de résidence d'été à M. Théodule de Baudicour, son neveu et son héritier.

En ce qui concerne l'ancien moulin banal de St-Cyr et la ferme de Montguichet, je ne saurais dire s'il reste encore des traces de leurs anciens emplacements.

Le moulin, dépourvu d'une chute d'eau suffisante, ne pouvait se maintenir à la hauteur des progrès de la meunerie et la ferme de Montguichet, en raison de la quantité trop peu importante des terres qui y étaient adjointes, ne se trouvait plus dans les conditions nécessaires pour donner des produits suffisamment rémunérateurs eu égard surtout à l'accroissement continu des loyers. Du reste, la vétusté des constructions de la ferme ne correspondait plus aux exigences de la culture moderne, et par suite, il devenait plus avantageux pour son propriétaire d'en réunir les terres au domaine de Corbois plutôt que d'entreprendre la réédification de l'habitation et des bâtiments de la ferme de Montguichet.

SEIGNEURIE LAIQUE DE CHAVIGNY

Cette seigneurie se trouvait sur le territoire de St-Cyr. Elle avait pour limites, à l'ouest la seigneurie de St-Cyr, au sud, la seigneurie de Doue, à l'est, la seigneurie de la Brosse-St-Ouen et au nord, la prairie de la rive gauche du Morin.

Le château chef-lieu de cette seigneurie était situé dans une île du Petit-Morin à l'est de St-Cyr et à une distance d'environ 2,000 mètres de ce village.

De ce château, détruit en 1849, il ne reste plus qu'un ancien moulin à blé placé sur a rive gauche de la rivière, lequel garde seul aujourd'hui, le nom de Chavigny.

Ce moulin fut établi au moyen âge pour satisfaire aux besoins d'un hameau disparu depuis deux siècles et qui était situé au lieu dit le champ des *Petites-Maisons*, dépendance du fief de Chavigny. Les documents que j'ai pu me procurer concernent seulement l'ancien château dont ce moulin porte le nom.

Il est constaté implicitement au livre des vassaux de Champagne publié par A. Longnon, que le château de Chavigny, et par suite le fief de ce nom, existait dans les dernières années du XIIe siècle, car il est fait mention dans ce livre d'un *Odes de Chavigny* au numéro 861 et d'un *Lyennars de Chauvigni* au numéro 982.

On pourrait supposer que je fais confusion, car les Chavigny dont je fais mention dépendaient de la châtellerie de Meaux, tandis que les territoires de St-Cyr, St-Ouen, Doue, etc., faisaient partie de la châtellerie de Coulommiers; mais il résulte de pièces authentiques qu'au XVIIIe siècle, les affaires contentieuses jugées en premier ressort par le juge du fief de Chavigny ressortissaient encore en appel au bailliage de Meaux et non au bailliage de Coulommiers.

On concevra aisément qu'Odes ou ses prédécesseurs aient fait choix d'une île pour y élever un manoir, puisqu'une telle situation constituait par elle-même un puissant élément de défense; mais ce que l'on s'expliquera peut-être moins facilement, c'est la dénomination portée par ce manoir.

En effet, l'expression toponymique Chavigny que l'on a écrit au moyen âge *Chauvigni*, est une dérivation du mot latin *calva vinea*, vigne dégarnie de ceps, ou *calda*, *calida vinea*, vigne chaude ensoleillée. Supposer que l'île du Morin fut à une époque quelconque plantée de vignes serait faire une hypothèse inadmissible.

Toutefois l'étymologie précitée n'en est pas moins exacte.

En effet il est fait mention dans une pièce datée de 1487, que j'ai rencontrée aux archives de Seine-et-Marne, d'un hameau situé sur la rive droite du Morin au lieu dit la varenne de St-Ouen, lequel avait nom le Grand Chavigny, et qui communiquait avec St-Cyr par un chemin longeant la prairie.

D'autre part, au XVIIe siècle le registre de l'état civil de St-Cyr, indique que le château dont il est ici question portait le nom de *Petit Chavigny;* par conséquent il est permis d'affirmer que le manoir féodal a emprunté le nom du hameau situé au nord. Il n'en était séparé d'ailleurs que par la prairie mesurant environ 300 mètres.

De ce qui précède, on peut induire en toute assurance:

1° Qu'au moyen âge, antérieurement à la fondation du manoir, les abords du hameau de Chavigny étaient plantés de vignes et que cette circonstance explique sa dénomination. Ce fait se trouve confirmé par le cartulaire de l'abbaye de Jouarre en date de 1277, lequel indique que l'abbaye percevait la dîme en vin provenant de la varenne de St-Ouen, c'est-à-dire des vignes situées aux abords du Grand-Chavigny.

2° Qu'*Odes de Chauvigni* et *Lyennars de Chauvigni* cités plus haut comme vassaux du comte de Champagne, pouvaient être originaires du hameau dont je m'occupe.

3° Que ces deux personnages en récompense de leurs services militaires reçurent une certaine étendue de terrain à charge de rendre foi et hommage au comte de Meaux.

4° Que promu au rang de possesseur de fief, l'un des héritiers directs de Lyennars de Chauvigni fit construire un manoir dans l'île du Morin, qui s'appela Chauvigni. Ce nom s'écrivit plus tard *Chauvigny*. Alors pour éviter toute confusion, le manoir fut appelé le *Petit Chauvigny* et le hameau de la varenne de St-Ouen reçut la dénomination de *Grand Chauvigny*.

Enfin, quand vers la seconde moitié du XVIIe siècle, le hameau cessa d'être habité, le manoir ou château de l'île de Morin porta la dénomination de Chavigny, sans épithète distinctive.

J'ai recherché en vain des renseignements touchant les successeurs de Lyennars de Chauvigni, au cours des XIIIe, XIVe et XVe siècles.

A la fin du XVe siècle le possesseur du fief de Chavigny avait nom Guillaume de Chavigny. Les descendants de Guillaume de Chavigny gardèrent ce domaine pendant le XVIe et le XVIIe siècles. La généalogie de cette famille était donc intéressante à établir. J'y suis parvenu grâce à mes documents personnels et aux renseignements que j'ai trouvés dans le *Dictionnaire de la noblesse*, par la Chenaye-des-Bois et Badier (édition de 1863). Cette généalogie commence à Guillaume de Chavigny.

I. — GUILLAUME DE CHAVIGNY, dont.

II. — CHARLES DE CHAVIGNY, écuyer, seigneur de *Chavigny*, homme d'armes des ordonnances du roi en 1546. Il avait épousé par contrat du 11 juillet 1541, Anne de Seisson, fille de Christophe de Seisson, sieur de Moux.

Leurs enfants furent :

1° **François** qui suit.

2° **Marguerite**, gouvernante de Louise de Bourbon, abbesse de Jouarre et de Faremoutiers.

3° **Jeanne**

III. — FRANÇOIS DE CHAVIGNY, écuyer, seigneur de *Chavigny* et de Raucourt, gentilhomme ordinaire de la chambre du roi, marié : 1° à Madeleine de Postel et 2°, le 24 octobre 1579, à Anne de Mully, fille unique de Benoit de Mully, écuyer seigneur de Montretu, et d'Antoinette de Vieilsmaisons.

Du premier lit vinrent :

1° **Jacques**, écuyer, seigneur de *Chavigny* et du Mesnil, qui fit hommage au roi entre les mains du lieutenant général du bailliage de Meaux, le 4 novembre 1624, tant en son nom que pour ses deux frères ci-après nommés, à cause de la dite terre et seigneurie de Chavigny mouvante du comté de Meaux. Il avait épousé le 16 avril 1597, Chrétienne-Leronne de Grandmont, fille unique de Claude de Grandmont.

2° **Christophe** qui suit.

3° **Adolphe**, écuyer, mentionné dans l'hommage de Jacques, son frère aîné.

IV. — CHRISTOPHE DE CHAVIGNY, écuyer, seigneur de la Ronce de *Chavigny*, de *Courbois* et de Courbonnin, épousa Antoinette Poinsant, après la mort de laquelle il fut, le 26 mai 1626, nommé tuteur de ses enfants, savoir :

1° **Louis**, écuyer, seigneur de *Chavigny* qui transigea le 17 septembre 1641, ainsi que son frère, avec Madeleine, leur sœur, pour le paiement de la dot qui lui avait été promise par son contrat de mariage.

2° **Nicolas** qui suit.

3° **Madeleine**, mariée par contrat du mois de novembre 1631 à Edmond de Chassy, écuyer, seigneur de Miraucourt.

V. — NICOLAS DE CHAVIGNY, écuyer, seigneur de *Courbois* et *des Neuillys*, épousa le 21 mai 1641, Blanche de Sapincourt, fille de Tristan de Sapincourt, écuyer, seigneur de Sapincourt et d'Anne Merélessart. De ce mariage naquirent :

1° **François**, écuyer, seigneur de *Chavigny* et de Corrobert, cornette de la compagnie des chevau-légers du duc d'Enghien, qui, du consentement d'Anne de Rivail (ou Renest) sa femme, céda par transaction du 28 avril 1693, conjointement avec Antoine, son frère, tous les droits qu'il pouvait prétendre sur la terre de Chavigny et le fief de Courbois.

2° **Antoine** qui suit.

VI. — ANTOINE DE CHAVIGNY premier du nom, écuyer, seigneur de *Chavigny*, de *Courbois* et des *Neuillys* en partie, mourut en 1713 (1); il avait épousé le 29 septembre 1673, Catherine de Lestre, fille de Nicolas de Lestre, écuyer, seigneur de la Motte et de Charlotte de Tassin.

Leurs enfants furent :

1° **Antoine** qui suit.

2° autre **Antoine.**

3° **Louis.**

4° **François.**

---

(1) Registre de l'état civil de St-Cyr..

VII. — ANTOINE DE CHAVIGNY deuxième du nom, écuyer, seigneur de *Courbois* et des *Neuillys*, fut maintenu dans sa qualité de noble et d'écuyer par ordonnance de Mr Phelypeaux, conseiller d'Etat ordinaire et commissaire départi en la généralité de Paris, du 5 août 1706, il fit hommage au roi en sa Chambre des comptes à Paris, le 14 novembre 1729 tant pour lui que pour Antoine et Louis de Chavigny, ses frères, écuyers, à cause du fief de Chavigny et de la terre de Courbois, qu'ils possédaient dans la mouvance des comté et château de Meaux, il mourut en 1769. Il avait épousé le 12 février 1722, Marie-Catherine Choppin, fille de Philippe Choppin, conseiller du roi en sa Cour des monnaies, et de Marie de Vendières, dont :

1° **Marguerite-Julie**, baptisée à St-Cyr le 4 février 1725.
2° **Antoine,** baptisé à St-Cyr le 2 juin 1726.
3° **François-Louis,** baptisé le 1er juillet 1727.
4° **Louis-Pierre-Antoine,** né le 27 juillet 1728, qui suit.
5° **Claude -Esprit-Juvénal,** né le 26 décembre 1729.
6° **Louise-Françoise-Cécile,** baptisée à St-Cyr le 22 février 1733.
7° **Julie,** baptisée à St-Cyr le 24 janvier 1736.

VIII.— LOUIS-PIERRE-ANTOINE DE CHAVIGNY, seigneur de *Corbois*, marié à Marie-Anne Nacquart de Chamoust, fille de Pierre Nacquart, seigneur de *Chamoust*, bailly de la Ferté-au-Col (La Ferté-sous-Jouarre), succéda à son père comme seigneur de Corbois en 1762, puis à son oncle comme seigneur de Chavigny en 1763. Il eut un fils.

IX. — LOUIS DE CHAVIGNY deuxième du nom.

Un document authentique, portant la date de 1485, que j'ai trouvé aux archives de Seine-et-Marne, nous apprend que Guillaume de Chavigny, cité en tête de la généalogie, procéda de concert avec Eutrope de Culant, seigneur laïque de St-Cyr, et du petit fief de Courcelles-la-Roue, à la reconnaissance des bornes servant de limites à leur possession respective. Il résulte également de cette pièce qu'à cette même date la ligne séparatrice des deux fiefs était indiquée par de grandes bornes. Cette limite était précisément celle qui fut constatée lors de contestations survenues entre les successeurs de Guillaume de Chavigny et d'Eutrope de Culant.

François de Chavigny, fils de Charles de Chavigny, vécut jusque dans les dernières années du xvie siècle. Il résulte d'un aveu et dénombrement de la seigneurie de Doue, dont était possesseur François Juvenal des Ursins, que le dit seigneur avait acquis par échange de François de Chavigny le petit fief de Baillard paroisse de Doue, et qu'il avait cédé en contre-échange au dit seigneur de Chavigny, le fief des Neuillys, lequel consistait en maison manable et en 20 arpents de terre tenus en censive.

François de Chavigny figure encore à la date de 1579 sur un manuscrit existant aux archives de Seine-et-Marne et relatant la convention passée entre lui et les deux dames propriétaires par indivis de la seigneurie de St-Cyr; savoir: Mlle Hélène de Culant et Mme Anne de la Fontaine, veuve de Philippe de Culant, vivant chevalier lieutenant de 50 lances, maître d'hôtel du roi Henri II et seigneur de St-Cyr. Cette convention était relative au curage du fossé du pré du Capitaine, en vue de l'écoulement de l'eau dans l'intérêt du moulin de St-Cyr, que possédaient les dites dames.

Louis de Chavigny, fils aîné de Christophe de Chavigny, fut en 1651 et 1656, caution d'une partie de rente de 128 livres constituée au denier 18 par Louis de Culant, seigneur de la Brosse et de la Montagne, demeurant à la Montagne bailliage de Sezanne, au profit de Théophile Pasquier. Cette convention résulte d'un acte passé au *Petit-Chauvigny* par devant Royne, substitut du tabellionnage de Meaux.

Des pièces produites à l'occasion d'un procès relatif à des droits de chasse et qui eut lieu entre Louis-Pierre-Antoine de Chavigny et le duc de Montmorency, j'ai extrait les renseignements qui suivent :

« Le fief de Chavigny consistait dans le château de ce nom si-
« tué dans une île du Morin, lequel château comprenait cuisine,
« office, salle à manger par bas; chambres par haut et grenier
« dessus couvert de tuiles, parterre à l'entour de la dite habita-
« tion, plus jardin potager et clos derrière. On accédait au châ-
« teau en traversant d'abord la basse-cour, puis un pont, la re-
« liant à l'île. A l'ouest de cette basse-cour se trouvaient les écu-
« ries et le sellier, à l'est de la dite cour s'élevait le moulin dont
« dépendaient un clos, un jardin et le colombier à pied. Puis à
« l'est, l'île dites du Glacis.

Enfin, le fief de Chavigny comprenait également diverses parcelles de terre pré et bois, le tout d'une contenance de 79 arpents 84 perches, non compris 120 parcelles contenant ensemble 38 arpents 84 perches appartenant à une cinquantaine de propriétaires, censitaires du fief, redevables envers le seigneur de 18 livres 2 sols 2 deniers plus 39 poules et 77 boisseaux 3 picotins rez d'avoine.

Les droits féodaux consistaient en :

1° La haute et moyenne justice comprenant nomination des officiers, tels que prévôt, procureur fiscal, greffier, procureur postulant et sergent. La justice se tenait au château le jeudi de chaque semaine et les sentences de la justice ressortissaient en appel au bailliage de Meaux. De la haute justice dérivait les droits d'aubaines, d'épaves, confiscations et autres.

2° Droit d'échange dans l'ensemble de la seigneurie.

3° Droit de chasse, pâturage et de pêche dans les 2|3 du Morin.

4° Droit de voirie.

5° Droit de séance, de banc et de sépulture dans la chapelle de la Vierge de l'église de St-Cyr.

Quant au moulin de Chavigny, il était encore d'une importance relative en 1771, car à cette date un sieur Jean Ferdinand le tenait à loyer moyennant 300 livres par an. De ce chef il était redevable envers le roi de 61 livres 10 sols de taille, soit 4 sols 1 denier pour chaque livre de son loyer.

En 1745, ce moulin avait été loué à Pierre-Alexis Nicolas moyennant 250 livres et 2 setiers de blé de mouture par an. Le droit de chasse-monnée était restreint aux limites du fief.

En 1822 le château de Chavigny fut acquis qar M. Collette de Baudicour, juge au Tribunal de la Seine, qui fit sa résidence d'été en ce lieu jusqu'en 1849. A cette dernière date, M. de Baudicour ayant fixé son domicile à St-Cyr, le vieux château de Chavigny fut démoli et il ne reste de ce manoir que le colombier à pied attestant que naguère les seigneurs de Chavigny avaient droit de haute, moyenne et basse justice.

LE FIEF DE CORBOIS

Au XVIIe siècle. cette localité était dénommée *Courbois*. Originairement c'était un hameau dont les habitants, vassaux du fief de Chavigny, détenaient à charge de cens un certain nombre de petites parcelles.

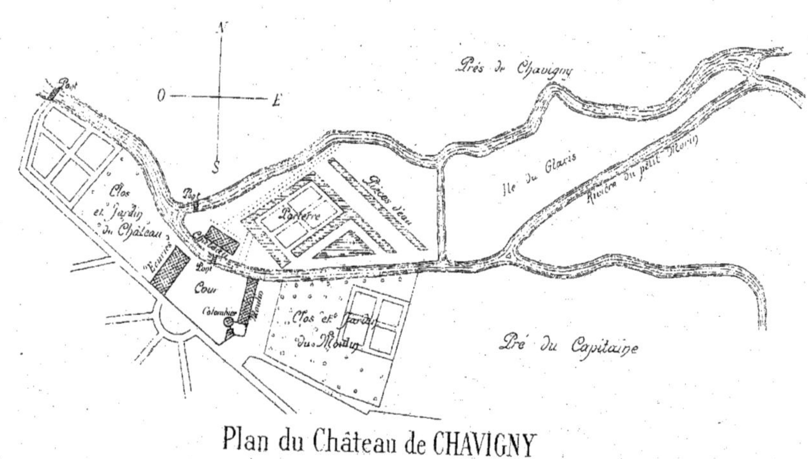

Plan du Château de CHAVIGNY

Vers le milieu du XVIIe siècle, le châtelain de Chavigny obtint l'autorisation d'ériger en fief, relevant de son manoir de Chavigny, la partie de son domaine comprenant le hameau de Corbois et ses alentours. En conséquence on construisit un château pour servir de résidence au nouveau titulaire du fief et à ce château fut ajoutée une ferme, demeure du cultivateur du domaine. Ces nouveaux locaux correspondent aujourd'hui à la ferme de Corbois. L'ancien hameau de *Courbois* cessa peu à peu d'être habité et son emplacement fut appelé le champ des Petites-Maisons en souvenir du passé.

Le fief de *Courbois* se trouvant constitué, les titulaires de ce fief eurent des armoiries qui ne différaient de celles de Chavigny qu'en ce qu'elles étaient surmontées d'un lambel. L'armorial de l'Ile-de-France (édition de 1757) décrivait ainsi l'écu des Chavigny de *Courbois :*

Il portait : *d'argent à une croix de gueules endentée de sable et alésée, surmontée d'un lambel de même.*

Nicolas de Chavigny, seigneur de *Courbois* et des Neuillys, en sa qualité d'héritier de Louis de Chavigny, se reconnut en 1666, débiteur d'une somme de 72 livres de rente au profit du seigneur de la Barre (1).

Je n'ai rencontré qu'un seul acte dans lequel figure implicitement le nom de Antoine de Chavigny, premier du nom, seigneur de *Courbois.* Dans ce document, il prétendait avoir droit à un banc dans le chœur de l'église. Le seigneur de St-Cyr lui contestait cette prétention. En 1702, la Chambre des requêtes donna gain de cause au seigneur de St-Cyr au sujet de ce différend.

Louis-Pierre-Antoine de Chavigny de Corbois paraît n'avoir eu qu'un seul enfant dont je parlerai plus loin.

Quelques années après le décès de Antoine de Chavigny, deuxième du nom, son fils, Louis-Pierre-Antoine de Chavigny, vendit son domaine de Corbois à Monseigneur le duc de Montmorency, propriétaire du château de la Brosse-St-Ouen et y demeurant. Il fut stipulé que désormais Corbois cesserait d'être un fief relevant de Chavigny.

Le fief de Corbois appartenant à Mgr deMontmorency, consistait, en 1780, en 169 arpents 37 perches dont 5 arpents tenus en roture. Il comprenait l'habitation seigneuriale et la ferme qui lui

(1) Il s'agit probablement de la Barre près de la Ferté.

était contigue. Un mur séparait l'habitation seigneuriale de la cour du fermier.

Corbois fut vendu nationalement en 1794 par suite de l'émigration de Monseigneur Anne-Léon de Montmorency. Le domaine fut acquis moyennant 43,400 livres par un sieur Claude-Sulpice Picard, marchand de bois à Maisoncelles. Ce lot situé sur la commune de la Fraternité, ci-devant St-Cyr, comprenait une ferme consistant en :

« Un bâtiment appelé le château de Courbois, ayant 53 pieds « de façade au midi et 22 pieds de large couvert de tuiles, dis- « tribué en deux salles par bas, vestibule entre les deux, trois « chambres au premier dont deux à feu. Au second une chambre « et deux greniers.

« A l'ouest de la cour, écurie, remise, cuisine, dépense et gre- « nier, le tout couvert de tuiles, caves dessous le dit bâtiment, « belle cour au midi du grand corps de logis, beau jardin à arbres « fruitiers au nord d'une contenance de 1 arpent 56 perches. « Estimation : 40,000 livres.

« En face des dits bâtiments, bosquets et allée contenant 65 « perches et estimés 325 livres.

« A l'ouest des bâtiments principaux se trouvait la ferme dont « l'ensemble des bâtiments mesurait 64 pieds de long sur 24 pieds « de large, comprenant : cuisine, salle, écurie, sellier, etc., le « tout couvert de tuiles.

« Plus, vacherie, bergeries et autres bâtiments; colombier, « puits, cour, jardin contenant le tout 81 perches. Estimation : « 2,500 francs. Plus terre, pré et bois. »

Louis-Pierre-Antoine de Chavigny servit dans les armées du roi. Retiré du service militaire en 1765, il vint habiter au château où il résida jusqu'à sa mort, qui eu lieu vers 1794. La transformation politique inaugurée en 1789 le froissa profondément au dire de ses contemporains. Grand chasseur il fut fort irrité de la déclaration des Etats Généraux touchant la liberté de la chasse, et à cet égard surtout, il s'aliéna la sympathie d'un grand nombre d'habitants de St-Cyr.

Néanmoins le 21 octobre 1792, il se présenta devant la municipalité et prêta le serment de fidélité à la Constitution. Il déclara ensuite pour se conformer à la loi : qu'il avait un fils appelé Louis, âgé de trente-huit ans et demi, qui, depuis la suppression de la gendarmerie où il a servi pendant l'espace de 10 ans, a cherché tous les moyens de se replacer au service de la France

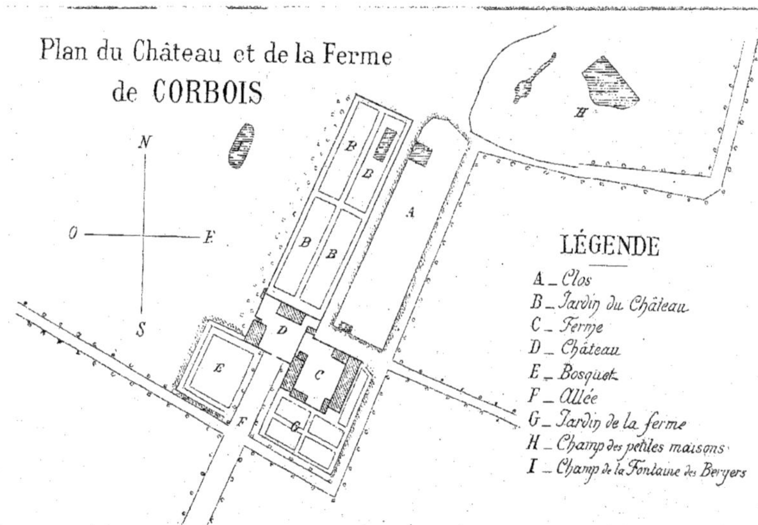
Plan du Château et de la Ferme
de CORBOIS
N
O
E
S
A
B
B
B
B
D
C
E
F
G
H
LÉGENDE
A _ Clos
B _ Jardin du Château
C _ Ferme
D _ Château
E _ Bosquet
F _ Allée
G _ Jardin de la ferme
H _ Champ des petites maisons
I _ Champ de la Fontaine des Bergers

dans un ci-devant corps quelconque, ce qu'il n'a pu obtenir en raison de la très grande difficulté qu'il éprouvait à s'exprimer. Que depuis le dit temps il n'a pas séjourné pendant 7 mois en plusieurs fois à Chavigny. Qu'il résidait tantôt dans une ville tantôt dans une autre et que depuis 10 mois il n'a pas reçu de lettre de lui. Qu'enfin son fils ne l'a jamais instruit de ses projets pour l'avenir. Il termina sa déposition en déclarant qu'il se soumettait par avance à la décision du district de Rozoy, au sujet de la présente déclaration.

Au mois de novembre 1792, M. de Chavigny, qui, antérieurement avait fait le dépôt de ses armes se présenta au greffe de la municipalité pour obtenir, en vue de sa défense personnelle, une partie des objets qu'il avait déposés conformément à la loi et il lui fut fait remise de son fusil et de son épée.

En vertu de la loi contre les suspects le citoyen Chavigny et sa femme Louise Marie-Anne-Nacquart furent arrêtés et emprisonnés par ordre du district de Rozoy. Leur innocence ayant été reconnue ils purent rentrer dans leur domicile et quelques jours après, les pièces saisies chez eux leur furent rendues.

Mr Louis-Pierre-Antoine de Chavigny mourut en 1794, âgé de 70 ans, laissant pour héritier Louis de Chavigny son fils.

Louis de Chavigny, deuxième du nom, ancien gendarme du roi, ne paraît pas avoir été marié. Après la mort de sa mère il vint demeurer à Jouarre jusque vers 1814. A cette date il était membre de la commission administrative de l'hospice de Jouarre. et habitait une maison qu'il vendit peu de temps après à M. Rassicod, officier de santé, pour se retirer à Chavigny.

En ce qui touche Corbois, cette belle ferme devint, comme le château de Chavigny, la propriété, vers 1825, de M. Collette de Baudicour. Ces deux domaines furent transmis à son neveu, M. Théodule de Baudicour qui en jouit actuellement.

SEIGNEURIE ECCLÉSIASTIQUE DE VORPILLIERES

J'ai indiqué antérieurement que vraisemblablement, sinon avec certitude, la partie nord du territoire de St-Cyr était comprise dans le *saltus Joranus*, puisqu'au VIIe siècle ce vaste domaine se partagea entre Adon, fondateur de l'abbaye de Jouarre, et son frère, St-Ouen, fondateur de l'abbaye de Reuil. J'ai ensuite montré que, vers la fin du IXe siècle, le chef militaire qui érigea la forteresse de la Ferté (*Firmitas*), reçut à titre de bénéfice une partie du domaine transmis au VIIe siècle à l'abbaye de Reuil.

J'ajouterai pour préciser ma pensée et en m'appuyant sur des faits incontestables que le prieuré de Reuil, qui succéda à l'abbaye de ce nom, continua à jouir sans conteste, jusqu'en 1790, de la partie du territoire de St-Cyr comprenant Vorpillières et le Montcel, tandis que le petit territoire avoisinant le hameau de Noisement se trouva en fait possédé par les seigneurs de la Ferté ou leurs héritiers.

La seigneurie de Vorpillières, dénommée fréquemment la *Moinerie* dans les actes du XVIIIe siècle, était traversée de l'est à l'ouest par la voie romaine de Meaux à Châlons. L'empierrement de cette voie sur le territoire de St-Cyr a été arraché en 1775 lors de l'établissement de la route d'Allemagne actuelle, dont le parcours en cet endroit diffère peu de la voie antique.

Une autre voie, celle-là venant de Doue et se dirigeant sur le passage de la Marne, traversait du sud au nord le territoire dont je m'occupe ; de sorte que de l'existence de ces deux voies on peut logiquement conclure que le territoire de Vorpillières fut habité et cultivé antérieurement à la conquête franque. De ce qui précède il ne faudrait pas conclure cependant que l'expression toponymique Vorpillières est d'origine gallo-romaine. En fait, l'expression Vorpillières est relativement moderne. A la fin du XVIIe siècle ce nom de lieu s'écrivait encore *Vorpilliers* et, selon moi, cette forme est la seule rationnelle, car elle seule permet d'obtenir la signification de cette expression toponymique, *vorpilliers* dérivé de *voraré*, manger, et de *pillus*, pilier, colonne, borne milliaire.

Par suite il est infiniment probable qu'antérieurement au peuplement de ce hameau, une auberge se trouvait, en bordure de la voie romaine dans le voisinage immédiat de la borne ou colonne milliaire sur laquelle se trouvait inscrit le nombre de lieues gauloises ou de mille romains indiquant la distance à parcourir depuis Paris ou la cité de Meaux jusqu'à cette localité.

Le souvenir de semblables bornes milliaires s'est conservé en maints endroits et notamment au lieu dit la *Haute-Borne* (commune de Sept-Sorts) et au lieu dit le champ de la Haute-Borne près Montapeine (commune de St-Cyr).

Du reste dans les documents venus entre mes mains j'ai rencontré plus fréquemment les expressions *Vorpyers*, *Vorpiliers*, *Vopilliers* que les formes *Vorpilières* et *Vorpillières*. Je n'ai trouvé qu'une seule fois dans un acte de 1312, le nom de ce hameau écrit *Hourpillières*. Cette anomalie peut s'expliquer par ce fait que l'auteur de cet acte était étranger à la contrée et n'y fit qu'un séjour momentané.

La prise de possession du domaine de Vorpillières par les moines de Reuil remonte à n'en pas douter à l'établissement de leur monastère. Celui-ci devint, au xiie siècle, un prieuré dépendant des Bénédictins de Cluny.

Les renseignements qu'il m'a été donné de recueillir sur la seigneurie dont il s'agit ici ne remontent pas au delà des dernières années du xvie siècle.

En 1587, les habitants du hameau de Vorpillières, en vue de se garantir contre les déprédations des gens de guerre, qui, à l'occasion des troubles de la Ligue, traversaient leur territoire et parfois y séjournaient plus ou moins longtemps, résolurent de se protéger contre ces soldats indisciplinés qui rançonnaient et pillaient sans vergogne les vassaux et même le fermier du prieur de Reuil. Dans ce but ils entreprirent à leurs frais la construction d'une sorte de fortin destiné à servir d'abri aux défenseurs armés de la population locale. C'est ce qui résulte de l'acte (1) dont la teneur suit et que les principaux habitants firent rédiger par le tabellion de la Ferté-au-Col. (La Ferté-sous Jouarre).

« *Du* xxie *jour de Novembre mil cinq cent quatre-vingt-et-sept,*
« *comparurent en leurs personnes : Denis Bénault, Jean Bénault,*
« *Denys Michel, Jean Michel, Jean Bénault le jeune, Simon Scel-*
« *lier, Jean Morel, Nicolas Sallon, Nicolas Duchesne, la veuve*
« *Jean Michel, la veuve Adrien Michel et encore dit Denis Bé-*
« *nault, comme se portant fort de Clément Leredde par lequel il*
« *a promis faire ratiffier. Comme aussi le dit Jean Morel a été*

(1) Minutes Laisné.

« *fort et portant de la veuve Laure Sallon par laquelle il a aussi « promis faire ratiffier et Jacques Michel et Nicolas Chaperel « tous demeurant de Vorpilliaires, paroisses de St-Cyr et Jouarre, « lesquels pour leur faire et leur dommage éviter ont consenti et « accordé et par cette présente consentent et accordent de fortiffier « les Vorpilliaires et en icelui faire un fort au lieu le plus com- « mode, que faire ce pourra et qu'il sera adviser entre eux et ce « en dedans de six mois d'huy prochain venant pendant lequel « temps icelles parties ont aussi consenti et accordé être faites « quelques petites forteresses en dedans de la maison de M. le « Cardinal de Sénoncourt, assis au dit Vorpilliaires, en laquelle « le dit Denis Bénault est demeurant et le tout pour éviter et en- « garder les gens de guerre d'entrer au dedans dudit Vorpil- « liaires et y faire aucun dommage. Pour faire lequel fort et for- « teresse sud, les dites parties ont promis, promettent et seront « tenus de bailler et contribuer deniers chacun pour leur regart « selon leur cotte et colisation de la grande taille qui viendra cy « après. Lesquels deniers seront reçus par lesdits Denis Bénault « et ledit Clément Leredde qui ont été pour ce faire nommés et « acceptés par les dessus dits. Lesquels deniers, les dits dénom- « més seront tenus employer à l'achat des matières pour satis- « faire et fournir et employer audit fort et forteresse sud, en- « semble aux ouvriers et personnes qui besogneront et travaille- « ront à faire ce que dessus.*

« *A été accordé entre les parties que le cas advenant qu'il ad- « vienne..... par feu ou autrement tout en la dite maison de Mon- « seigneur le Cardinal ou des logis des dites parties ou de l'un « d'eux advenu par la faculté des dits gens de guerre qui sont de « présent en ce pays, en ce cas icelles parties ont promis et se- « ront tenues l'un pour l'autre refaire, faire réédifier et rebastir « les dites maisons et logis qui seront et pourront aussi être bru- « lés et démolis par le deffault des dits gens de guerre bien et « suffisamment selon la visitation qui en sera faite par personnes « et gens qui auraient vu auparavant les dites maisons et logis « sauf à icelles parties ou l'un d'eux qui auront aussi fait répa- « rer et réédiffier les dits logis maisons et logis susd, de recou- « vrer sur ceux qui n'auront frayé ni débourcé aucune chose « pour ce faire. Chacun leur colizente part et partion, selon leur « colisation de la grande taille venue et à venir. A quoi faire, « tenir et entretenir ce que dessus les dites parties ès noms se sont « obligés l'un pour l'autre comme dessus, promettant, obligeant « les dites parties respectivement corps et biens l'un envers l'au-*

« *tre renonçant (?), Ce a été passé en ladite maison et hostel de*
« *Monseigneur le Cardinal de Senoncourt assis audit Vorpil-*
« *liaires en la seigneurie de Rueil-en-Brie devant..... de Rolland*
« *Simon demeurant à Noisement et François Tiphanne marchand*
« *à Luzancy témoins le* 21 *novembre* 1587 (Suivent les signa-
« tures). ».

Je ne sais si les circonstances permirent de mettre à exécution les conventions qui précèdent, mais, dans tous les cas, si le projet de fortification fut exécuté, les vestiges de cet ouvrage ne subsistèrent point jusqu'à nous, et je n'ai pas rencontré dans les titres consultés aucune mention de leur existence.

On peut assurer que les dommages subis par les habitations, les mauvais traitements, les pertes, les ennuis de toutes sortes causés à la population furent nombreux, puisque sur l'ensemble du territoire paroissial, comme sur les fiefs de Vorpillières, la rente de la terre diminua notablement entre les années 1587 et 1595. Les mobiles qui poussaient les habitants de Vorpillières à pourvoir par eux-mêmes à la défense de leurs foyers, excitèrent, à n'en pas douter, les populations des hameaux de Biercy, Vanry et Courcelles à imiter leur exemple, car elles élevèrent également des forts dont les vestiges ont subsisté jusque dans les dernières années du XVIIIe siècle. Certains indices nous permettent de conjecturer que, pour la garde de ces forts, les habitants valides s'étaient formés en compagnies dirigées par un chef élu et que cette organisation persista jusqu'à la soumission des chefs de la Ligue.

Le cardinal de Senoncourt en sa qualité de prieur de Reuil et de seigneur de Vorpillières avait la jouissance de la ferme de Vorpillières.

D'après le bail consenti au mois d'août 1596, par Esmery de Besnard, écuyer, agissant comme fondé de pouvoir de M. Adrien de l'Hôpital, prieur commendataire de Reuil et abbé de St-Séverin-les-Château-Landon, la ferme de Vorpillières consistait en : logis, bâtiments, cour, jardin, plus 80 arpents d'héritage, le tout loué à Jean Bénault moyennant 3 muids de grain (2/3 blé et 1/3 avoine). A cette époque le muid de blé valait 119 francs 50 au marché de Coulommiers.

En 1600 la même ferme fut louée par Antoine Simon, sous-prieur et secrétaire du prieuré de Reuil, à un sieur Lambin, moyennant 5 muids de grains et des faisances dont 2 tiers au profit du prieur et 1 tiers au profit des religieux. Cette accroissement du loyer indique combien la culture s'était améliorée sous le règne réparateur de Henri IV et en même temps combien les campagnes eurent à souffrir des troubles civils et religieux qui précédèrent la prise de possession du trône de France par le légitime héritier de Henri III.

En 1647, un bail fut fait pour la ferme de Vorpillières au profit d'un sieur Jean Corchet aux conditions suivantes : Le preneur devait rendre aux religieux, savoir : au prieur de Reuil 100 livres, plus un muid de blé ou 100 livres a Hyppolite Benoit, ancien prévôt de Reuil, plus un muid de blé au profit des religieux ou 100 livres à leur choix, plus 100 livres en deniers au profit des dits religieux, plus 30 livres de beurre frais et enfin 100 livres de pot-de-vin. La durée de ce bail était de 9 années et la superficie de la ferme continuait à être de 80 arpents, de sorte qu'en ne enant pas compte des 100 livres de pot-de-vin et des 30 livres de beurre, le loyer de l'arpent était en moyenne de 5 livres. Ce prix, élevé pour l'époque, indique suffisamment que les terres de la ferme étaient de qualité supérieure.

Le précédent bail fut renouvelé en 1656 aux conditions suivantes : au prieur de Reuil, 100 livres ; aux religieux, 200 livres, 1 muid et 1/2 de blé, 30 livres de beurre frais et 100 gerbées.

En dehors du loyer de la ferme le prieur de Reuil prélevait sur les censitaires du fief des droits de cens, rente et coutume. De plus, en sa qualité de seigneur ecclésiastique, il percevait la dîme en grain sur les héritages roturiers compris dans son fief, ainsi que sur ceux de la majeure partie du territoire de Noisement.

Cette dernière indication pourrait paraître erronée puisque les chevaliers de Malte, seigneurs de Noisement, étaient en possession du droit de dîme; mais ce fait est attesté par un acte de l'an 1647 constatant que Jacques du Toc, sacristain du prieuré de Reuil, avait affermé, moyennant 42 livres et 2 chapons, le tiers des dîmes de Vorpillières et Noisement, qui lui appartenaient en raison de sa charge. De cet acte on peut en outre conclure que la totalité de la dîme des deux fiefs équivalait à un revenu annuel de 126 livres et 6 chapons.

Dans la seconde moitié du xviie siècle, les religieux de Reuil devinrent propriétaires, à Vorpillières, d'une seconde ferme mesurant en superficie 54 arpents 59 perches. Cette petite ferme fut louée en même temps que la grande, en 1785, à Jean-Baptiste Morel.

Ce bail permet de déterminer exactement l'état des biens que le prieuré de Reuil possédait à Vorpillières lorsque parut la loi du 4 novembre 1789 déclarant biens nationaux les propriétés ecclésiastiques. Les deux fermes de Vorpillières, qui représentaient 134 arpents 59 perches (mesure de 18 pieds), furent vendues nationalement, le 28 mars 1791, en l'assemblée du district de Rozoy, au prix de 50,200 fr., à M. Elisabeth Petit, avoué à Coulommiers, agissant pour le compte de M. Jacques de Constant de Moras.

Celui-ci possédait à Vorpillières, depuis longtemps déjà, une ferme très importante. Il mourut en 1794 et après lui ses biens firent retour à la nation par suite de l'émigration de deux des héritiers de Jacques de Constant, et de l'abandon que fit de ses droits le troisième héritier, Alexandre-Marie de Constant, officier dans les armées de la République. Les biens dont il s'agit furent de nouveau mis en vente au district de Rozoy, le 9 frimaire an VII, et adjugés le 14 du même mois, moyennant 22,100 francs, à Nicolas-François Babier, de Melun.

Jusqu'ici, pour la clarté de mon exposition, j'ai omis d'indiquer que le territoire dénommé Vorpillières comprenait un certain nombre d'habitations groupées, les unes sous le nom « des Fromières » (commune de Saint-Cyr), les autres sous les noms de « Cour des Barbonnes » et « Moras » (commune de Jouarre.) Voici quelques détails concernant chacune de ces trois parties de l'agglomération.

LES FROMIÈRES

Dans la partie sud-ouest de Vorpillières, à la jonction des chemins venant de Monthomé et de Vanry, il existait à la fin du XVIe siècle, une petite ferme dont le propriétaire, Clément le Redde, s'était engagé en 1587, ainsi que quelques habitants, à participer à la construction du fort dont il a été question précédemment. Cette petite ferme, bien qu'attenant aux maisons du hameau, portait le nom de Fromières, expression vulgaire correspondant à *fourmilière*. Cette habitation et les héritages qui en dépendaient faisaient partie d'un petit fief ressortissant au château du Saussoy, paroisse de Chavigny.

En 1586, le 13 janvier, devant Me Thibault, notaire à la Ferté-au-Col, les censitaires du fief des Fromières reconnurent être propriétaires d'environ 30 arpents de terre en plusieurs parcelles et de quelques maisons, et être chargés comme tels : de 2 sols 6 deniers de cens portant lods et ventes et de 45 sols de rente plus un chapon de coutume, par arpent envers Mme Marie Le Riche, veuve de Jean de Rouvray, vivant écuyer, seigneur d'Aultry du

Saussoy, des Eclicharnes et de Vorpillières en partie, gentilhomme de la garde du roi (Minutes Laisné, notaire à la Ferté-sous-Jouarre).

Le titre de cette reconnaissance ayant été égaré au cours des guerres du temps, Me A. de Rouvray, seigneur du Saussoy, réclama en avril 1596 au notaire, une copie de l'acte précité. Des termes mêmes de cet acte on peut conclure avec assurance que la concession des 30 arpents mentionnés devait être relativement récente, car autrement le cens et la rente stipulés par arpent auraient été de beaucoup inférieurs.

Le fief des Fromières devint, au XVIIe siècle, la propriété de Gilles Le Redde, intendant des bâtiments du roi. Il transforma l'ancienne ferme en château.

Antoine Le Redde, qui hérita du fief des Fromières vers 1632, était alors trésorier général de la cavalerie légère (1). Il avait épousé demoiselle Philippe Ménessier, laquelle mourut en son château de Vorpillières le 5 janvier 1641, elle fut inhumée dans l'église de Jouarre par ordre spécial de l'abbesse malgré l'opposition du curé de St-Cyr.

Antoine Le Redde, pour se conformer aux intentions de son frère, Gilles, ajouta au château une chapelle qui fut érigée en 1633 sous le vocable de la Visitation. Elle était desservie par le vicaire de Saint-Cyr, et les habitants de Vorpillières pouvaient la fréquenter. Cette chapelle fut à la présentation du seigneur et à la collation de l'abbesse de Jouarre.

Antoine Le Redde et sa femme laissèrent au moins deux enfants, un fils qui continua le nom et une fille qui épousa un sieur Legendre ou de Lancry. Par suite, le fief des Fromières se trouva divisé en deux parties dont l'une était possédée en 1657 par Geneviève Legendre, veuve de Charles de Lancry, lequel avait été seigneur en partie des Fromières. La seconde partie du fief appartenait à la même date à François Le Redde, conseiller-secrétaire du roi. François Le Redde mourut vers 1702 en laissant pour héritier de sa part du fief des Fromières, Augustin Le Redde qui ne paraît pas avoir eu de postérité.

En 1706, la totalité du fief des Fromières appartenait aux héritiers de Geneviève Legendre et de Henri de Sanguin son second mari.

En cette même année Jacques Christophe Sanguin, écuyer seigneur des Fromières, au nom de son frère Antoine Sanguin,

(1) E. Duplessis, Histoire de l'Eglise de Meaux, page 270. Tome I.

sieur de Mandegris (commune de Favières), et de sa sœur Charlotte, demeurant tous trois à Mandegris, bailla à loyer leur ferme des Fromières consistant en logis, bâtiments, colombier, peuplé de 72 paires de pigeons, etc., et comprenant 102 arpents de terre, 2 arpents 50 perches de pré et 5 arpents de bois. Dès que ce bail fut réalisé moyennant 390 livres en deniers et 6 chapons vifs, Christophe Sanguin loua tous les biens acquis par François Le Redde aux environs de Vorpillières, moyennant 240 livres.

Entre les années 1706 et 1716, Christophe Sanguin devint unique possesseur du fief des Fromières, En cette qualité il déclara aux Terriers de Jouarre et de St-Cyr tenir en censive de l'abbaye, savoir : sur Jouarre 19 arpents 10 perches en 38 parcelles, et sur St-Cyr 39 arpents 1/2 en 84 parcelles. Le tout chargé de 1 livre 19 sols 3 deniers de cens et surcens.

Christophe Sanguin mourut en son château des Fromières le 21 mai 1719, âgé de 47 ans, et fut inhumé dans la chapelle St-Nicolas de l'église de St-Cyr.

Le nom de ses héritiers m'est inconnu ; je sais seulement que, vers 1740, ils vendirent le fief des Fromières et ses dépendances à M. François Peirène comte de Moras. Ce dernier fit exécuter, en 1744, le mesurage de cette ferme dont la superficie fut trouvée être de 228 arpents 80 perches.

Entre l'année 1741 et la date d'acquisition des Fromières par Jacques de Constant de Moras, la famille Peirène représentée en dernier lieu par Charles-Louis Merles de Beauchamps, ancien ambassadeur, marié à Anne-Marie Peirène de Moras, avait considérablement accru les possessions des anciens seigneurs des Fromières. Elle avait construit à Vorpillières même, sur la censive des religieux de Reuil, une grande et belle ferme, qui, en 1781, date du mesurage qu'en fit faire son propriétaire, Messire Jacques de Constant, comprenait, outre les bâtiments, 357 arpents 38 perches, répartis de la manière suivante :

Fief de Vorpillières ou de la Moinerie.	64	arpents	51	perches.
Jouarre	31	—	25	—
St-Cyr, seigneurie ecclésiastique.	89	—	79	—
Sâacy.	28	—	22	—
Seigneurie de Moras.	7	—	63	—
Fief des Fromières.	21	—	74	—
Commanderie de Noisement.	17	—	51	—
St-Cyr, seigneurie laïque et St-Ouen.	16	—	80	—
Charnesseuil.	79	—	67	—
Sur Bussières.			25	—

Pour que le lecteur puisse comparer ces différents chiffres, il ne devra pas oublier que les surfaces ont été calculées :

Sur les terroirs de Jouarre, St-Cyr (seigneurie ecclésiastique), Reuil, les Fromières, Sâacy et Moras, à la mesure de 18 pieds 4 pouces ;

Sur les terroirs de St-Ouen, St-Cyr (seigneurie laïque), Charnesseuil et Noisement, à la mesure de 20 pieds ;

Sur le terroir de Bussières, à la mesure de 22 pieds.

Le tout correspondant à 135 hectares 57 ares 50 centiares.

Dans la superficie de la grande ferme de Vorpillières, acquise par Jacques de Constant, une partie tout au moins de la petite ferme du Montcel se trouvait comprise. Il est à peu près certain que les deux habitations qui subsistent actuellement en ce lieu correspondent à l'emplacement de l'ancienne ferme du Montcel et qu'elles représentent une partie des bâtiments.

De ce qui précède, il résulte qu'au début du XIVe siècle, la majeure partie de la superficie de l'ancien fief de Vorpillières se trouvait soumise au régime de la grande culture et était exploitée par deux fermes, celle des moines de Reuil et celle des petits seigneurs. La première, édifiée vers la fin du XVIIe siècle, la seconde, la plus importante, constituée au commencement du XVIIIe siècle. De ces deux faits, on doit inférer que la population du hameau vit décroître le nombre des héritages qu'elle cultivait et que, par suite, elle diminua graduellement non seulement en aisance mais encore en nombre. Cependant, durant cette période de deux siècles, l'industrie meulière fut particulièrement prospère et des quantités considérables de pierres furent extraites du sol de ce hameau. Or, les habitants de cette localité concoururent à cette exploitation. Ici comme à Noisement il nous faut constater que l'introduction de l'industrie et du salariat coïncida avec la dépopulation et avec l'appauvrissement d'un certain nombre de familles.

Au cours du XVIe siècle, en maints endroits du territoire de Vorpillières, les marchands meuliers de la Ferté firent extraire du sol, des blocs de calcaire siliceux destinés à la construction des meules à moulins, qui devinrent l'objet d'un commerce important et lucratif. Je sais, par des actes notariés intervenus entre les propriétaires et les marchands de meules, qu'en 1585 ces derniers payaient au propriétaire du terrain fouillé une indemnité de 50 sols par grande meule, 25 sols par meularde et 15 sols par 100 de carreaux. Les extractions furent pratiquées au lieu dit les Fromières et en 1598 à la Brossette.

En 1601, les moines de Reuil imitant l'exemple des simples particuliers concédèrent le droit de fouilles, sur l'ensemble des terres de leur petite ferme de Vorpillières, à Jacques Gauthier, marchand de meules, moyennant un écu par meule de 18 paulmes (environ 1 m. 80), et 30 sols par meularde de 16 à 17 paulmes (1 m. 60 à 1 m. 70). Les exploitations se continuèrent autour de Vorpillières, jusque vers 1830.

LA COUR DES BARBONNES

Cette localité séparée des Fromières par le chemin de Vanry à Vorpillières tire son nom de la famille Barbonne qui habitait en ce lieu dans les dernières années du xve siècle. Ainsi que cela est prouvé par le terrier du fief de la Compagnie du Chesne, exécuté en 1515, cette ferme fut baillée à cens antérieurement à cette époque au prix de 17 deniers l'arpent, ce qui permet de supposer, en raison de l'élévation de ce cens, que l'abbaye concéda cette ferme au chef de la famille Barbonne. La dite ferme comprenait 40 arpents (mesure de Jouarre).

Un membre de cette famille Barbonne séjournait encore en ce lieu en 1560, ainsi que cela résulte du registre des baptêmes de la paroisse de Jouarre. La cour des Barbonnes comprenait en 1830 trois habitations encloses dans une grande cour commune.

MORAS.

La partie nord-ouest du hameau de Vorpillières est vulgairement appelée Moras et comprend 5 habitations situées sur la commune de Jouarre. Ce nom leur a été donné parce que le terrain qu'elles occupent faisait autrefois partie du fief de Moras, dépendance de la paroisse de Jouarre. Les bâtiments élevés en ce lieu sont relativements récents. Le plus ancien fut érigé en 1780 immédiatement après la construction de la route d'Allemagne actuelle.

L'habitation appelée le pavillon de Moras fut élevée par les soins de M. de Constant, ancien militaire, propriétaire du château et de la ferme de Moras.

En 1781, le 28 octobre, il vendit à Jean Gambart, 1 arpent de terre sis au terroir des Fromières, longeant la route, à charge expresse d'y établir une maison de maréchal-ferrant. Cette vente fut faite moyennant 20 livres de cens et surcens annuels non rachetables.

En 1785, le 11 août, le même bailla à Hilaire Legros, jardinier, 3 arpents de terre près le long de l'allée des ormes conduisant au fief des Fromières. Ce bail fut fait à la condition d'y établir une maison manable et de l'enclore. Celle-ci était chargée de 18 deniers de cens et 60 livres de surcens ou rente.

LA COMMANDERIE DE NOISEMENT

J'ai indiqué précédemment que selon toute vraisemblance, une partie des anciennes possessions de l'abbaye de Reuil fut concédée bénéficiairement à la fin du IXe siècle à Aucul fus, le chef militaire qui fit ériger la forteresse « *Firmitas* » de la Ferté en vue de défendre le cours de la Marne contre les envahisseurs normands. J'ajouterai ici que les descendants, où si l'on veut les successeurs, d'Auculfus, et notamment les seigneurs de Chamigny au XIIe siècle, se trouvaient être possesseurs de la majeure partie du petit territoire environnant Noisement, et, qu'à cette époque il existait quelques habitations en ce lieu.

Cette assertion se trouve indirectement confirmée par ce fait que ce territoire était contigu à la voie romaine de Meaux à Châlons, sur laquelle la circulation fut permanente jusqu'à nos jours. Je ne saurais déterminer les motifs qui firent adjoindre le territoire de Noisement à la paroisse de Saint-Cyr ; toutefois, abstraction faite des circonstances spéciales déterminantes de cette union paroissiale, il faut remarquer que ce lieu se trouvait un peu plus à proximité de Saint-Cyr que des chefs-lieux des paroisses limitrophes : Jouarre, Condetz, Reuil, Sâacy.

La majeure partie de ce territoire fut transmise en l'année 1228 aux chevaliers de l'ordre du Temple par un des petits fils de Nivard de Chavigny seigneur de Chavigny, à la fin du XIIe siècle. Gervais de Chavigny, fils aîné de Nivard, ratifia cette donation, laquelle consistait en 6 hostises et leurs dépendances sises à *Nuisement* (Archives Nationales — S. 5864, Inventaire de Maison Neuve).

Chaque hostise étant occupée par une famille cultivant en moyenne une vingtaine d'arpents, on peut évaluer à 30 le nombre des habitants de ces 6 hostises et à 120 arpents l'étendue de leurs cultures.

Antérieurement à la donation précitée, ce lieu se trouvait dans la dépendance féodale de Chavigny, et, nous aurons occasion de voir que, au XVe siècle, les seigneurs de ces derniers fiefs possédaient encore quelques biens et quelques censives à proximité du hameau de Noisement. Parmi les hostises données aux frères chevaliers du Temple, l'une d'elles comprenait un moulin desservi par le Rû de Vorpillières aux abords duquel il était situé.

Une charte du mois d'août 1237 confirme ce fait et nous apprend également que, non loin de là, existait un étang alimenté par le ruisseau précédemment nommé. Dès que les Templiers furent en possession de leur nouveau domaine, ils s'empressèrent d'en accroître le revenu par des travaux destinés à améliorer le fonctionnement du moulin. Notamment, ils relevèrent la chaussée et le gril de décharge de l'étang, afin d'accroître la force motrice en augmentant la hauteur de la chute d'eau. Mais à la suite de cette opération, une certaine étendue de terrain, appartenant au seigneur riverain fut inondée et celui-ci porta plainte devant les juges compétents. Les parties transigèrent et convinrent, en présence d'Hersende, abbesse de Jouarre, savoir : que les Templiers feraient remise au seigneur Gérard d'un muid de blé qu'il leur devait, et qu'en outre ils donneraient à ce dernier, une somme de 30 livres, en échange de l'autorisation qu'il leur concédait, d'améliorer la chaussée de leur étang, ainsi que le cours du ruisseau passant devant la porte du moulin, et, qu'enfin chacune des parties aurait droit de pêche sur la moitié de la nappe d'eau (1). L'étang dont il est question dans cette charte, ne doit pas être confondu avec celui qui porta, plus tard, le nom d'étang Neuf, et dont la construction ne doit pas remonter au-delà du XVIIe siècle.

En ce qui touche le moulin cité dans la charte précédente, nous aurons occasion d'indiquer à quelle époque il cessa d'être en usage.

A l'égard de l'étymologie du nom de Noisement, je rappellerai que dans les chartes de 1228 et de 1237, ce lieu se trouve écrit *Nuisement* et j'observerai d'autre part, que, dans une charte en date de 1202, citée par d'Arbois de Jubainville (2), il est fait mention d'un moulin appelé *Nuisement*. Il est à peu près certain que cette dénomination dérive de *noa* (lieu marécageux, noue) et du bas latin *esamentum* (toutes sortes d'instruments favorisant le

1. Archives. Commanderie de Maison-Neuve.
2. Histoire des comtes de Champagne, tome V., n° 564.

travail de l'homme). De ces deux expressions réunies on a fait par dérivation *No-ésement*, puis *Noisement* au XVIIe siècle.

Après être resté aux mains des Templiers, jusqu'à l'époque de la suppression de l'ordre du Temple, la petite Commanderie de Noisement échut aux chevaliers Hospitaliers de St-Jean de Jérusalem, que l'on appela plus tard chevaliers de Malte. Dans le procès-verbal de visite exécutée en 1312, par l'archevêque de Rouen, en vue de constater quels étaient les biens et les revenus des Templiers dans le diocèse de Meaux, le visiteur donne à la Commanderie de Noisement le nom de *Hourpillières*, expression incorrecte de Vorpillières. Ce visiteur constata que l'ancien domaine possédé par les Templiers en ce lieu (lisez Noisement), était affermé moyennant 7 muids de grain, mesure de Coulommiers.

Lorsque les Hospitaliers eurent pris possession des biens du Temple, en 1317, ils unirent le domaine de Noisement à la Commanderie de l'Hôpital sur Coulommiers. Comme à cette époque, les Chevaliers de Jérusalem avaient cessé de se livrer directement à la culture de leurs domaines ruraux, ils donnèrent à bail, à un fermier, leurs terres de Noisement, moyennant une redevance en grain.

Au cours des guerres désastreuses du XVe siècle, il paraît certain que le hameau de Noisement fut dévasté par les factieux Armagnacs ou Bourguignons, ainsi qu'il arriva pour un certain nombre de localités situées entre Meaux et Coulommiers.

Ce fut seulement dans les dernières années du XVe siècle, que les Hospitaliers possédèrent seuls à Noisement, un domaine qu'ils firent exploiter par un fermier. Jusque là, en dehors du moulin et de l'étang, ils avaient seulement prélevé sur ce territoire, les redevances seigneuriales et la dîme ecclésiastique pour une partie seulement. C'est du moins ce qui semble résulter des renseignements que j'ai recueillis. En 1485, le grand prieur d'Aquitaine, commandeur de Maison-Neuve, Charles de Norroy (ou Norray), paraît avoir fait établir une grange qui, dès lors, devint le siège du fief de Noisement.

L'acquisition sus-relatée provenait de Messire Adam le Riche, seigneur du *Saulsoy* (Le Saussoy, commune de Chavigny), pour 5/6 et de Philippe de Renest, seigneur de la Motte d'Ormoye (même paroisse), pour 1/6.

En dehors du prix de vente, consenti à 25 livres, il fut stipulé : que les terres vendues resteraient dans la mouvance du Saulsoy pour 5/6 et de la Motte d'Ormoye pour 1/6 ; que l'acquéreur et ses successeurs acquitteraient les droits de quint, requint, relief et autres, enfin que Charles de Norray, qui, en sa qualité d'ecclésiastique, n'était pas admis par la coutume à prêter foi et hommage, désignerait un laïque chargé d'accomplir ce devoir à sa place. Ce suppléant fut son fils naturel lequel est dénommé dans l'acte de : *le Bâtard de Norroy.*

Le petit fief dont il est ici question avait appartenu à Jean de Citry et à Guillaume le Harle, avant de venir aux mains de Adam le Riche et de Philippe de Renest. Il consistait en 44 arpents d'héritages, plus 68 sols de cens, 10 setiers de grain et 21 deniers de corvées par chaque cheval de trait existant à Noisement. Enfin la haute justice sur ledit fiet appartenait à M. le comte de Romont, seigneur de la Ferté-au-Col et de Chavigny,

Charles de Norroy ne se borna pas à accroître en étendue le domaine de Noisement. Il s'appliqua également à en augmenter les revenus, en y favorisant le développement de la culture et en s'efforçant de relever de leurs ruines les habitations détruites au cours des néfastes guerres du xve siècle. A cet effet, en juin 1494, Fiacre Thomé, administrateur de la Commanderie de Maison-Neuve, au nom de Charles de Norray, concéda à Cardin le Grand, à titre de bail à cens, 25 arpents de terre couverte de bois et comprenant un bouge de grange et un bouge de logis. Ce bail fut consenti moyennant 4 deniers de cens et 20 deniers de surcens par arpent, plus pour les bâtiments, lesquels devaient en outre être reconstruits, 1 chapon et un boisseau rez d'avoine.

La même année, le même administrateur, bailla à Jean Lot, 20 arpents de terre alors en haut bois, moyennant 4 deniers de cens, 20 deniers de surcens par arpent. En avril 1495, Fiacre Thomé, continuant son œuvre d'administrateur actif et intelligent, favorisa la mise en culture de 14 arpents de terre alors en friche, et situés au lieu dit la « Grande Couture », en les cédant par bail à cens à Mathieu Chenart, moyennant 4 deniers de cens et 20 derniers de surcens par arpent, plus pour le tout une poule et un chapon de coutume.

Le bail à cens ou à rente perpétuelle ne se distinguait de la vente proprement dite qu'en ce que, faute de paiement régulier de la rente, le concédant ou ses héritiers, rentraient en possession des biens concédés, ainsi que des constructions élevées sur ces biens.

Les autres immeubles du fief de Noisement, faisant partie du domaine direct de la Commanderie de Maison-Neuve, furent l'objet de baux à loyer pendant tout le cours du xvie siècle, mais

NOMS DES PROPRIÉTAIRES	DOMICILES	NATURE DES BATIMENTS	Parcelles	CONTENANCES en arpents et perches	CENS en sous et deniers	SURCENS en sous et deniers
				a p	s d	s d
Gilles de Lavoste…………	Noisement………	»	5	9.50	3.02	15.10
Jean Louvain……………	Jouarre…………	»	3	2.30	1.00	3.10
Claude Simon……………	Noisement………	2 Maisons étable et cour…..	16	11.54	3.11	19.02
Etienne Gautier………….	La Ferté au Col….	»	1	0.33	0.02	0.10
Pierre Bonnard……………	Montménard…….	»	1	1.00	0.04	0.20
Sébastien Robinet……….	Rougeville………	»	5	11.00	3.08	18.01
Farot Maillard et Garnot……	La Ferté………	Maison en partie …………	9	20.70	6.04	34.06
Jean Lebreton……………	Caumont……….	»	2	2.00	0.08	3.00
Jude Thibaut……………	Courcelles ………	Maison en partie…………	2	0.70	0.03	1.20
Jean Régnault……………	Charnesseuil…….	Petite maison et bâtiments : 3 masures ou était le moulin.	10	1.75	0.07	2.10
Rolland Simon……………	Noisement………	Masure…………………	3	2.50	0.10	1.02
François Simon……………	Fouvières………	»	3	1.50	0.06	2.06
François et Rolland Simon….	» ………	2 Maisons………………	8	7.90	2.08	13.02
Abel Brézillon……………	» ………	1/2 bouge logis, 1/2 grange, cour.	16	7.95	2.07	121.9
Enfants L. Redde…………	» ………	»	1	1.00	0.04	0.20
Enfants Robert Gillet………	La Ferté………	»	1	5.00	1.08	3.04
16 déclarants……………		Totaux…………	87	86.44	1l 8s 7d.	7l.3s.10v.

avant d'indiquer en quoi consistaient ces immeubles, il me faut montrer avec précision ce qu'étaient, à cette époque, la nature, l'étendue et le revenu censuel de Noisement ; il me faut aussi faire connaître aux lecteurs les noms des habitants du hameau, la quotité de leurs héritages et le montant de leur redevance. Ces renseignements m'ont été fournis par le terrier de la Commanderie de Maison-Neuve en date de 1588 (Archives Nationales S. 5866).

Sur les 87 parcelles, il y en avait :

57 en terre, contenant ensemble		76 arpents		30 perches	
13 en pré,	— —	5	—	35	—
9 en bois,	— —	1	—	24	—
8 en jardin,	— —	3	—	55	—

Le terrier de Maison-Neuve, de 1641, m'a permis de constater qu'à cette date la superficie du domaine censuel était exactement semblable à celle constatée par le terrier de 1588. La seule modification du revenu censuel du fief de Noisement en 1641, résulte de l'adjonction à ce fief, des cens dus par un certain nombre de parcelles situées à Busseroles, paroisse d'Orly.

En ce qui touche le domaine direct de Noisement, nous ignorons quelle était sa superficie à la date où fut établi le terrier dont nous avons extrait ce qui précède ; mais nous savons que ce domaine se trouvait, en 1580, loué à N. Symon, moyennant 3 muids, 6 setiers de grain et 4 chapons estimés ensemble 173 écus, 4 sols. En 1588, le commandeur de Maison-Neuve, Georges de Régnier dit Guerchy, obtint sentence pour le paiement d'une année d'arrérages de ce loyer.

La plus ancienne notion que nous ayons de la superficie de la ferme de Noisement, nous est fournie par le procès-verbal de visite de cette ferme en date de 1663. A cette époque la « grange » ou ferme de Noisement était assise sur une pièce de terre de 85 perches, autrefois close de murailles. Elle était bâtie « *de* « *bonne massonnerie et couverte de tuilles où nous avons reconnu* « *que l'on a retranché un des bas côtés sur lequel autrefois il y* « *avait un colombier.* »

Près la grange se voyaient encore à cette date les débris de l'ancienne ferme.

Les terres et prés annexés à cette grange formaient ensemble une superficie de 57 arpents, à la mesure de 20 pieds. Le tout, compris la recette des cens, rentes, dîmes, etc., dus par les tenanciers, était loué à Etienne Simon, moyennant 300 livres tournois, 6 setiers d'avoine, 6 chapons et 6 poules.

L'état de choses que nous venons d'indiquer ne paraît avoir

subi de modifications que vers le milieu du XVIIIe siècle. Il résulte en effet du terrier de Maison-Neuve établi en 1760, qu'à cette date la contenance de la ferme de Noisement s'était élevée de 57 arpents à 72 arpents 19 perches. L'enclos renfermant la grange était alors de 14 arpents, 81 perches. Cet accroissement de superficie provenait d'acquisitions faites sur les petits propriétaires du lieu. Ceux-ci virent encore à la même époque, l'étendue de leurs cultures se réduire par divers achats faits au profit du domaine de Moras. C'est en raison de ces acquisitions que figure au terrier précité, à titre de censitaires, Messire Louis Charles de Merles, chevalier, ancien ambassadeur près le roi de Portugal, lieutenant de mousquetaires, baron d'Ainbert, seigneur de Moras de la Duchesne, etc., à cause de sa femme demoiselle Peirène de Moras.

La ferme de Noisement réunie au domaine national à la Révolution, fut vendue aux enchères au district de Rosoy, le 5 pluviôse an III (janvier 1795), à Antoine Gillot, scieur de long, à Rosoy, moyennant 123.500 livres payables en assignats. A cette date, en raison de la dépréciation du papier monnaie, un assignat de 100 livres valait 32 livres, 10 sols en espèces. Par suite, le prix réel de l'acquisition de la ferme de Noisement ne dépassa pas 42.000 livres argent.

On a vu plus haut que le moulin établi au XIIIe siècle sur le Rû de Vorpillières, se trouvait en ruine à l'époque de la confection du terrier de 1588 et que le terrain adjacent était couvert de bois. J'ajouterai que vraisemblablement l'étang servant à l'alimentation de ce moulin se trouvait également détruit.

Pour satisfaire aux besoins des habitants un moulin à vent fut établi au lieu dit la justice de Moras. L'existence de ce nouveau moulin ne paraît pas s'être prolongée au delà de 1720, ou du moins il n'en est plus fait mention dans les titres. D'autre part, à l'ancien étang détruit, succéda vers le milieu du XVIIe siècle, un nouvel étang appelé l'étang neuf, depuis longtemps desséché, servant aujourd'hui à désigner un champ.

Un des éléments de la richesse du sol de Noisement et de la prospérité de ses habitants fut la meulière. Il résulte des titres de la seconde moitié du XVIe siècle, que ce territoire fut exploité en maints endroits par les meuliers de la Ferté-sous-Jouarre et que pendant deux siècles, on y exploita la précieuse pierre qui, en majeure partie, a fait jusqu'à nos jours la richesse de notre contrée.

Jean Roussin de la Ferté fut probablement l'un des premiers

qui ouvrit une carrière aux environs de Noisement. Les droits de fouilles payés par lui au propriétaire du fonds, la veuve Hochart, étaient les suivants : 1° Loyer annuel de la pièce de terre 1 septier par arpent; 2° après l'ouverture du premier trou 10 écus; 3° par grande meule 1 écu; 4° par meularde 20 sous; aucune indemnité pour les carreaux; et 5° obligation de remplir les trous.

Les fouilles pratiquées par Jean Roussin aux environs de Noisement ayant donné des résultats avantageux, les marchands de meules ne tardèrent pas à solliciter, du commandeur de Maison-Neuve, l'autorisation d'ouvrir des carrières sur les terres de la ferme, et, en 1626 Alexandre Pottin, entre autres, obtint l'autorisation de fouiller.

Le produit des fouilles fut tellement abondant et fructueux que meuliers et propriétaires concoururent à accroître le nombre des exploitations.

Jusque vers 1635, les concessions d'extraction continrent l'obligation pour l'exploitant de rejeter dans la carrière les terres provenant de la fouille. Cette condition, insérée en vue de rendre les terrains à la culture, était tellement onéreuse pour les meuliers qu'ils résolurent de s'en affranchir; dans ce but, ils proposèrent aux propriétaires, qui acceptèrent, une augmentation de redevance à prélever sur les marchandises fabriquées. Dès lors les carrières se multipliant, la culture fut interrompue sur une certaine étendue de terrain, si bien que le propriétaire pour retirer quelques fruits de son sol, dut le planter en bois.

De l'accord intervenu entre les meuliers et les propriétaires, notamment avec le commandeur, les permissions d'extraction furent consenties aux conditions suivantes : 1° les terres extraites ne seront pas rejetées dans la carrière après la cessation de l'exploitation; 2° il sera payé au propriétaire 9 livres par meule de 5 pieds et au-dessus; 3° 20 sols par meularde, œillard et 100 de carreaux.

La réputation des meules extraites à Noisement et les profits que les marchands retiraient de leur exploitation, portèrent, vers le milieu du XVIIe siècle, les riches meuliers de la Ferté, à se rendre acquéreurs de nombreuses parcelles, qu'ils payaient un prix élevé aux paysans, pour les exciter à s'en dessaisir. C'est ainsi qu'en 1703, les sieurs Augain, René-Ambroise Moynet et Félix Himbert étaient devenus possesseurs chacun de 22 arpents de terre sis aux environs de Noisement. De la sorte ils n'avaient pas à redouter la concurrence de leurs confrères et ils s'assuraient d'une liberté complète dans leur exploitation. Ces exploitations se continuèrent jusqu'à l'époque où la fabrication des meules dites anglaises devint prépondérante.

Pendant les deux siècles durant lesquels le territoire de Noisement se couvrit de nombreuses exploitations de meulières, la population du hameau vit son aisance s'accroître et parallèlement le prix d'achat du sol et le taux du loyer de la terre augmentèrent. Mais je dois ajouter que ce développement de la fabrication meulière eut pour conséquence d'enlever nombre de bras à la culture de la terre et d'accroître trop vivement la classe des ouvriers vivant exclusivement de salaires.

Je terminerai ce chapitre par une remarque qui tendrait à prouver que, au point de vue du chiffre de la population, le hameau de Noisement a diminué depuis le XIIIe siècle jusqu'à nos jours. En effet nous avons vu qu'en 1228 le hameau se composait d'au moins 6 hostises représentant une population de 20 habitants au minimum. Or, d'après le recensement de 1876, ce hameau comptait seulement 4 maisons et 12 habitants. Si l'on considère d'autre part, que la majeure partie du territoire environnant est soumis au régime de la grande culture, auquel d'ailleurs il est fort bien approprié, on devra en conclure que là comme en bien d'autres endroits la formation de grandes exploitations agricoles a été un élément prépondérant du dépeuplement des campagnes.

LE FIEF DE CHARNESSEUIL

Ce fief comprenait le hameau et la ferme de Charnesseuil, plus une partie du hameau de Monthomé et la totalité de Montapeine. Il avait pour limites à l'est la paroisse de Bussières, au nord la paroisse de Sâacy, à l'ouest la seigneurie de Vorpillières et au sud les seigneuries de Jouarre et de la Brosse-Saint-Ouen. Selon toute vraisemblance cette partie du territoire paroissial de Saint-Cyr fut concédée au monastère de Reuil et continua à y rester attachée jusqu'à la transformation de ce monastère en prieuré de l'ordre de Cluny (1200-1250).

La dénomination de ce territoire me paraît dériver du bas latin *Carnetum* (tombeau, sépulcre) expression équivalente dans le français du XIIIe siècle à *Charnoy*. De *Carnetum* dériva le diminutif *Carnétiölum*, lequel en passant dans le français produisit l'expression *Charnoseuil*, laquelle se transforma en *Charneseuil*, puis enfin devint *Charnesseuil* au XIXe siècle.

Les prieurs de Reuil, ou plutôt les gouverneurs de l'abbaye de Cluny, concédèrent le territoire de Charnesseuil à titre de fief relevant de Reuil à un militaire, qui adjoignit à son nom patronymique le nom du hameau de Charnesseuil où était située sa demeure seigneuriale et où résidaient les serfs ses vassaux. Cette dépendance féodale de Charnesseuil à l'égard du prieur de Reuil est attestée par des actes de « foy et hommage » au prieur de Reuil rendus à chaque mutation du fief.

Le plus ancien de ces actes venu à ma connaissance est daté de 1530 environ et porte en substance ce qui suit : Claude Forault, seigneur de Maudétour, et sa femme Claude Turcault, ayant vendu une partie de la terre de Charnesseuil à Messire Nicolas de Culant, premier du nom, seigneur de Saint-Ouen et de la Brosse, ce dernier fit hommage de cette partie du fief à Guillaume Duprat alors prieur de Reuil. Après avoir fourni aveu et dénombrement il acquitta les droits de quint et requint. Nicolas de Culant de la compagnie du Maréchal de la Marck, mourut en 1542.

En 1547, par suite de la mort de son mari, sa veuve et héritière *Edmée* de Blocqueaux, en son nom et en celui de ses enfants mineurs, fit de nouveau hommage de la dite terre au prieur de Reuil.

Parmi les enfants de Edmée de Blocqueaux, son fils Nicolas de Culant, deuxième du nom, seigneur de la Brosse qui mourut en 1596, puis son petit-fils Louis de Culant, premier du nom, paraissent avoir possédé intégralement la seigneurie de Charnesseuil.

Louis de Culant, seigneur de la Brosse-Saint-Ouen, fut gentilhomme de la Chambre du Roy. Après sa mort qui eut lieu en 1623, ses créanciers ainsi que ceux de son fils vendirent la terre de Charnesseuil à Maître Daniel Morel, conseiller du Roy. Celui-ci légua cette terre à son fils Zacharie Morel, également qualifié conseiller du Roy.

Les deux filles de Zacharie Morel vendirent l'héritage paternel vers 1740 à dame Barbe-Besse, propriétaire du château de la Brosse. Cette dame, ainsi que je l'ai établi précédemment (page 43), avait épousé en premières noces messire Joseph de Courcelles et en secondes noces, le baron Arnold de Ville.

Vers 1772, la seigneurie de Charnesseuil passa aux mains de Monseigneur Anne-Léon de Montmorency, duc de Montmorency-Luxembourg, deuxième du nom, petit-fils de Mme la baronne de Ville; puis, en raison de l'émigration du duc en 1792, la terre de Charnesseuil fut déclarée propriété nationale et vendue aux enchères. Le château de Charnesseuil appelé le Pavillon fut vendu en février 1796. A cette date, le Pavillon consistait en logis et bâtiments en dépendant servant d'écurie et de bûcher, toits à à porc, puits, etc., le tout enclos d'un terrain de 62 perches et demie servant de cour et jardin tenant à la ferme plus en 1 arpent 50 perches de terre. Cette habitation fut adjugée à Antoine-Louis Jacquinot, marchand à Saint-Cyr, moyennant 822 livres argent.

Précédemment, en 1794, la ferme de Charnesseuil avait été vendue nationalement à Jean-François Cherier, marchand à Sablonnières moyennant 103,400 livres.

Cette ferme consistait alors en un grand corps de logis mesurant 50 pieds de long, 24 pieds de large et 20 de hauteur, jusqu'à la couverture en tuiles. Ce bâtiment était distribué en cuisine, cave dessous, salle, fournil, 2 chambres à coucher au premier, etc., plus divers autres bâtiments servant d'écurie, grange, étables, bergeries, toits à porc, poulailler, colombier, etc., le tout situé dans une grande cour à laquelle attenait un jardin d'environ 1 arpent. Cet ensemble tenait au nord à la Grande-Rue du hameau de Charnesseuil.

A la fin du xviiie siècle, le locataire de la ferme de Charnesseuil avait nom Louis-Joseph Rossignol.

Parmi les propriétaires du territoire de Charnesseuil au xvie siècle, je citerai Etienne Mognet, lequel vendit à Louis Baillet des terres situées aux lieux dits : l'Etang du Charnoy, le Champ de la Haute Borne ou le Poirier Rouge, l'Orme aux Larrons (plus tard l'Orme de Bussières), le Champ Perdu, les Prés d'Orsiers, les Marlières, la Mouette, etc.

En 1635, un nommé Pierre Massé, marchand boucher, possédait du chef de sa femme, au terroir de Charnesseuil, 22 arpents de terre loués 16 septiers de blé. Le setier de blé valait à cette époque, à Coulommiers, 10 livres.

NOTES

sur les localités comprises dans la censive de l'Abbaye de Jouarre, paroisse de Saint-Cyr

---

COURCELLES-LA-ROUE

Il existe dans le département de Seine-et-Marne dix groupes d'habitation appelés Courcelles. Afin de distinguer notre Courcelles, notamment des deux localités du canton de la Ferté-sous-Jouarre portant ce nom, et en même temps pour bien préciser sa situation, on a dû ajouter au moyen-âge (1277) le déterminatif la *Roe*. Ce déterminatif s'est, avec le temps, transformé en la *Roue*. Cette expression employée dès le moyen-âge provient de ce que les premières habitations du hameau furent établies aux abords d'un grand chemin antique empierré. Une voie ayant ce caractère était désignée dans la basse latinité par *rota* et par élision *roa*; d'où est dérivé en vieux français *roe* puis *roue*. L'expression *noa*, lieu humide, a semblablement donné *noe* puis *noue*.

On ne saurait affirmer que ce lieu ait été habité antérieurement à l'invasion franque (486) parce que, jusqu'ici, on n'y a point découvert de vestiges d'habitations gallo-romaines, mais vers [illegible] IXe siècle au plus tard, de petites maisons, entourées d'un jar[illegible]n et occupées par des familles de serfs (*corti-cellæ*) s'élevèrent en cet endroit à proximité de la voie romaine.

Le plus ancien document où, à ma connaissance, il soit fait mention de ce hameau, est le cartulaire déjà cité de l'abbaye de Jouarre (1277). On lit au folio 56 « *Cil de Mongouin de Courcelles-la-Roe qui ont chevaus trayans furent acensé chascuns III sous pour le menaige de Praclot.* » (probablement la coupe, la mise en bottes et l'enlèvement des ronces, épines, fougères et autre mort bois) « *qui ont valu o an* » (cette année) « *LX sous* »; on lit également au folio 56 (verso) « *A Mongouin et à Courcel-*

les-la-Roe chascuns chevaus joignans à charrue, se il ne sunt serjant doivent au doien 1 bichel d'aveine ».

L'expression doyen est prise ici dans le sens de juge inférieur, prévôt maire, d'où il suit que la redevance énoncée était due au prévôt ou maire de St-Cyr. Puis au folio 47 (verso) du même cartulaire se trouve l'alinéa suivant : « *Li bois Rigaut est de la compaignie* ». Le bois Rigaut est une dénomination qui s'est conservée jusqu'à nous; aujourd'hui on écrit ce nom de lieu comme suit: « Rigault »; ce bois est situé au nord des Grands Montgouins. Il est limité au nord par l'ancien grand chemin empierré. Antérieurement à la Révolution il faisait partie intégrante d'un petit fief dit de Courcelles-la-Roue qui relevait pour partie du seigneur de Moras et pour le surplus de l'abbaye de Jouarre.

Il importe d'établir ici la valeur de l'expression la *compaignie*.

Il existait aux environs de Courcelles-sous-Jouarre un fief portant la dénomination de la *Compaignie du Chesne* dont le terrier existe aux archives départementales. Il résulte de ce terrier que partie des cens de ce fief appartenait au seigneur de Moras et partie à l'abbesse de Jouarre. Or si au XIIIe siècle le fief comprenant le bois Rigault, se trouvait sous la dépendance de la *Compaignie*, il devient facile de concevoir qu'il se trouvait en fait sous la dépendance du seigneur de Moras.

La dénomination de « bois Rigault » dérive des circonstances suivantes : Aux rôles des fiefs et aux livres des vassaux de Champagne, on constate que dans la première moitié du XIIIe siècle, Guillaume fils de Rigault de Villers, détenait à St-Cyr (châtellerie de Coulommiers) des avoines, des poules et des hommes et que son fief en ce lieu valait dix livrées de terre. Or, si l'on veut bien concéder que le nom de Rigault a pu servir à dénommer une importante superficie boisée comprenant la majeure partie du fief, possédé à Courcelles-la-Roue par Rigault puis par son fils Guillaume, vers 1277, les chevaliers précédemment nommés étant décédés, leur fief de Courcelles-la-Roue fut réuni à Moras comme celui de la Compagnie du Chesne.

La confirmation implicite du fait que je viens d'établir résulte des citations qui suivent. En 1618, Philippe de Fleury de Culant, comte du Buat, fit foi et hommage au château de Moras de son fief de Courcelles-la-Roue. En 1642 son fils Henri de Fleury de Culant, seigneur du Buat et de St-Cyr, donna procuration à Charles Boubers, sieur d'Amillis, de se présenter pour lui au château de Moras et d'y faire, en son nom, déclaration de foi, hommage, aveu et dénombrement du fief de Courcelles. D'autre part, au XVIIe siècle, les seigneurs de Moras rendirent foi et hommage, aveu et dénombrement du fief de Courcelles-la-Roue ainsi que pour la seigneurie de Moras et leur fief de la Compagnie du Chesne.

Enfin en 1739, Louis Peirène, seigneur de Moras, Courcelles-la-Roue et autres lieux, d'une part, et Mme Anne-Thérèse de Rohan, abbesse de Jouarre d'autre part, firent procéder à la fixation des limites de leur seigneurie respective : Saint-Cyr et Courcelles-la-Roue.

Il résulte de déclarations faites au terrier de la censive de l'abbaye de Jouarre en 1715, qu'à l'exception d'une ou deux habitations du hameau de Courcelles-la-Roue, de l'ensemble du bois Rigault et d'un nombre relativement restreint de parcelles situées entre le dit bois et les habitations précitées, le surplus des terres : prés, vignes et bois compris dans le territoire de Courcelles-la-Roue, dépendait de la censive de l'abbaye.

Les noms des propriétaires habitant le hameau entre les années 1715 et 1725 ainsi que l'étendue de leurs héritages, sont mentionnés dans un tableau inséré page 86.

Je ferai remarquer que la grande culture ne s'établit point dans ce hameau et que par conséquent la terre resta concentrée entre les mains des petits propriétaires. Cette seule circonstance suffirait à expliquer la situation prospère des habitants de Courcelles-la-Roue.

Le cens dû à l'abbaye par les propriétaires précités était de quatre deniers pour chaque arpent, toutefois ils étaient redevables en outre d'un surcens ou rente foncière variable mais toujours de beaucoup supérieure aux taux du cens. Les vignes du lieu dit la « Rue Jean » et celle du lieu dit la « Fosse d'Ouy » étaient chargées de ce surcens lequel continua à se payer lorsque la vigne cessa d'être cultivée en ces endroits en vertu de l'édit de 1735 ayant pour but de restreindre la culture de la vigne.

Dans la seconde moitié du XVIIIe siècle le fief de Courcelles-la-Roue avait pour possesseur outre l'abbesse de Jouarre, Mme la comtesse de Blet héritière en partie de Louis Peirène, seigneur de Saint-Cyr. Cette dame, qui vivait encore vers 1772, était alors veuve depuis plusieurs années de M. de Saint-Quintin comte de Blet, baron des Brosses et de Villeneuve. Mme de Blet habitait le village de Saint-Cyr en 1771. A cette date elle paraît avoir possédé la ferme de Montguichet, acquise après sa mort par le duc de Montmorency-Luxembourg, dont j'ai précédemment parlé.

NOMS DES PROPRIÉTAIRES	DOMICILES	MAISONS	SUPERFICIES		PARCELLES	CENS	
			ARPENTS	PERCHES		SOUS	DENIERS
Pierre Marchand	Courcelles-la-Roue	»	1	75	12	»	7
François Prévost	»	»	1	50	9	»	6
Bonaventure Houillier	»	1	0	75	6	»	3
Veuve Louis Yvonnet	»	»	1	»	7	»	4
Veuve Joseph Houillier	»	1/2	3	»	16	1	»
Louis Moreau	»	1	3	»	20	1	»
Pierre Yvonnet	»	1	5	75	18	1	11
Veuve Charles Yvonnet	»	1	2	75	11	»	11
Piesre Brouilly	»	1/4	0	50	8	»	2
Nicolas Candas	»	2	2	25	13	»	9
Madeleine Dubois	»	»	5	25	16	1	9
Jean Pennin	»	1	2	25	9	»	9
François Cheverry	»	»	1	»	10	»	4
Veuve Pierre Leredde	»	1	42	30	110	13	10
Veuve Claude Yvonnet	»	»	10	50	41	3	6
Pierre Yvonnet (le jeune)	»	»	11	25	21	3	9
Pierre Michel	Chemin	1	1	50	10	»	6
Total....... 17 propriétaires		10	96	50	337	33	10

BRICHE-BRÈCHE

Ce hameau, qui comprend aujourd'hui quatre habitations et quelques bâtiments servant d'étable ou de remise, est situé à une centaine de mètres au sud du moulin d'Archet. La cour commune par laquelle on accède aux habitations se trouvait naguère en bordure de la voie romaine qui venait de Doue et traversait la rivière de Morin à Archet.

Depuis une quarantaine d'années le nom de ce hameau s'écrit généralement *Brise-Bèche*. Je ne saurais en donner la raison. L'état du sol en cet endroit n'autorise nullement l'emploi d'une telle expression.

D'autre part le rédacteur du terrier de la seigneurie de l'abbaye emploie pour désigner cette localité l'expression Briche-Brèche laquelle, à n'en pas douter, était depuis longtemps usitée par les tabellions de Saint-Cyr.

Si comme je crois l'expression *Briche-Brèche* dérive du bas latin *Brica* (construction en briques) et du haut allemand *Brecha* (rompre, rompu) (1), je n'hésite pas à écrire, comme autrefois, le nom du lieu dont il s'agit : car il ne serait pas invraisemblable de conjecturer qu'à une époque reculée, en vue de protéger le passage de la rivière, il fut établi un ouvrage militaire construit en brique destiné à abriter les défenseurs de ce passage. Au moyen-âge on appelait *Briche*, toutes sortes de petites constructions militaires défensives. La *Briche* en question étant tombée en ruine on ajouta l'expression *Brèche* pour bien la caractériser.

Mes renseignements sont assez limités sur ce hameau.

D'après le terrier de 1715, un sieur Antoine Bernier, demeurant à la Celle-en-Brie, possédait à Briche-Brèche, trois bouges de logis comprenant : habitation, grange, étable, laiterie et grenier, plus un jardin, le tout tenant à la cour commune. Il possé-

(1) Dictionnaire étymologique de Brachet.

dait en outre dans la censive de l'abbaye 27 parcelles de terre prés, bois contenant ensemble 6 arpents.

A la même époque, Etienne Camus habitait au hameau du Mont, au dit Briche-Brèche, une petite maison de deux travées tenant à la cour commune et au sieur Antoine Bernier.

Quoique bien situé, ce hameau ne compte guère aujourd'hui plus d'habitants qu'au siècle dernier

LE CHOISEL

Cette appellation désigne une habitation où fut au début installé un moulin. Elle est située sur le ruisseau auquel elle a donné son nom et à l'intersection de deux chemins conduisant à Saint-Cyr et venant l'un des Louvières, l'autre du Ru-de-Verou.

Choisel est la transformation normale du bas-latin *Choisellum* correspondant en français à : moulin construit en bois. La date de l'établissement de cette usine est antérieure au XVIe siècle. En effet, un bail dudit moulin fut consenti par l'abbaye le 13 septembre 1591 ; le texte se résume ainsi : Sœur Françoise Guillart, grande prieure de l'abbaye de Jouarre, agissant en l'absence de Jeanne de Bourbon abbesse, donne à loyer à prix d'argent, à Mathieu Noblet, laboureur aux Louvières, pour neuf années consécutives, le moulin du Choisel, consistant en un moulin monté de deux meules dont l'une est rompue, roue et autres harnois avec l'accin dudit moulin, maison, grange, étable, cour, jardin et en outre de 25 arpents 41 perches de terre, prés et buissons, formant ensemble 7 parcelles.

Ce bail fut consenti moyennant 8 écus 1/3 et 2 chapons vifs payables à la Saint-Martin avec droit de chasse-monnée sur la seigneurie de Jouarre.

A l'époque dont il s'agit, le ruisseau alimentant le moulin avait un volume plus considérable et surtout plus constant qu'aujourd'hui en raison de l'existence du grand étang du Ru-de-Verou.

Au cours du XVIIe siècle le moulin du Choisel cessa de fonctionner mais les bâtiments furent habités par un petit cultivateur qui devint locataire des terre, pré, bois de l'abbaye loués avec la dite habitation.

En 1716, date de l'établissement du dernier terrier de Saint-Cyr, les bâtiments de l'ancien moulin ne subsistaient plus et les 25 arpents 41 perches d'héritages, qui naguère en dépendaient, avaient été réunis à la ferme que l'abbaye possédait au Ru-de-Verou.

En 1763 la veuve Drouet fermière du Ru-de-Verou prit à bail les parcelles du Choisel lesquels consistaient alors en 12 arpents de bois, 4 arpents 30 perches de terre labourable, 10 arpents 12 perches de savart, buisson, pâture et lisière de bois plus 5 quartiers.

Lors de la vente nationale des biens de l'abbaye en 1793, l'emplacement de l'ancien moulin du Choisel et ses dépendances formèrent un lot.

Vers 1795 un meunier entreprit de mettre en état l'ancien moulin du Choisel. Celui-ci marcha de nouveau pendant près d'un siècle mais, finalement, vaincu par la concurrence de moulins mieux outillés, il a du renoncer à la lutte, et, depuis près de quinze ans le moulin du Choisel reste silencieux.

LE RU-DE-VEROU

Ce hameau comprend aujourd'hui 13 habitations (dont 3 sur la commune de Jouarre), il est traversé par l'ancien grand chemin de Rebais à Meaux qui fut établi au IXe siècle, en vue de faciliter les communications entre les grandes abbayes de Rebais et de Jouarre avec le chef lieu du diocèse.

Le territoire du Ru-de-Verou, au moins en ce qui touche la partie située sur Jouarre, fut à n'en pas douter habité dans les premières années du XIIIe siècle, puisqu'à cette époque les abbesses de Jouarre firent construire une léproserie, dont l'habitation du sieur Cherrier occupe aujourd'hui une partie de l'emplacement; mais il ne s'ensuit pas que le peuplement du hameau proprement dit soit antérieur ou postérieur à l'établissement charitable.

Par suite de l'établissement du grand chemin de Rebais, la plaine de Gouin fut en majeure partie défrichée au cours du XIIe siècle, et des groupes de la population servile ainsi que plusieurs hostises ou métairies, possédées par des roturiers, se rencontraient soit aux abords soit à de faibles distances de ce grand chemin. En conséquence il ne serait pas invraisemblable d'admettre qu'une hostise fut établie aux abords de cette voie nouvelle, précisément sur l'emplacement du hameau actuel du Ru-de-Verou. On pourrait même ajouter, sans trop de témérité que cette hostise correspond à l'ancienne ferme habitée au XVIe siècle par François de Renest Seigneur d'Ormoye.

En fait l'expression toponymique Ru-de-Verou dérive de l'ancien nom du ruisseau, servant de limites aux communes de Jouarre et de Saint-Cyr. Ce ruisseau, qui se trouve à peu près à égale distance tant du hameau que de l'ancienne léproserie, parcourt en amont une prairie humide propice à la culture du saule; il fut appelé dans le latin de l'époque soit *Rivus verutorum* (Ru des plancons), soit *Rivus veruhiœ* (ru de la saussaie ou de la veroue). Ces expressions en passant dans le français parlé au village se transformèrent en *Ru des Verous* ou *Ru de la Veroue* et dans les anciens titres on écrivit tantôt *Ru de Veroust*, ou *Ru de Vroust*, parfois même *Ru de Veroux*. Naguère, on disait familièrement *Ru de Vlou* et même *Ru de Vlour* (1). Cette façon de défigurer le sens du mot subsiste encore.

Vers le milieu du XIIe siècle, à l'époque où le hameau du Ru-de-Verou ne se composait encore probablement que d'une hostise et peut-être d'une cense ou ferme tenue à bail par un laboureur, on éleva à 200 ou 300 mètres de cette ferme une hostise qui porta le nom fort usitée alors de Villeneuve, et qui était desservie par un chemin conduisant à Gouin et à la forêt de l'abbaye.

Cette Villeneuve, dont le nom sert encore aujourd'hui à désigner un champ et un chemin, après avoir été considérée comme le siège d'un petit fief, fut vendue par fragment vers le milieu

---

(1) M. Le Blondel, imprimeur à Meaux, qui a édité récemment la deuxième partie des recherches historiques de M. G. Rethoré sur le territoire de Jouarre (œuvres posthumes), a adopté dans ce dernier ouvrage la dénomination de Ru de Vrou. Cette expression se justifie également. Les cartes modernes portent Ru-de-Verou et quelquefois Ru-de-Veroux. En ce qui nous concerne, nous avons reproduit ce nom de lieu, dans cette notice, tel qu'il est orthographié dans le manuscrit que l'auteur nous a légué.

du xvie siècle et les bâtiments détruits de fond en comble laissèrent à peine dans le sol des débris permettant de reconnaître son emplacement. A l'égard des biens fonds que cultivait cette ancienne hostise ils allèrent se joindre aux parcelles possédées aux alentours par les laboureurs du Ru-de-Verou, de la Borde-au-Bois, de Gouin et des Louvières.

Je ne parlerai pas dans cette étude, de la léproserie du Ru-de Verou située d'ailleurs sur la paroisse de Jouarre, car je lui ai consacré déjà une notice spéciale; j'appellerai l'attention du lecteur sur la ferme que l'abbaye possédait en ce hameau. Cette ferme paraît avoir peu souffert au cours des guerres du xve siècle, contrairement à ce qui arriva pour l'ensemble des propriétés que ce monastère possédait sur le territoire de Jouarre. Ces propriétés restèrent en friche et furent vendues à vil prix. Il n'en fut pas ainsi de la ferme que ce grand établissement religieux possédait au Ru-de-Verou quand, vers la fin du xve siècle, l'abbesse de Jouarre, Jeanne d'Ailly, eût rétabli en partie la prospérité financière de son monastère.

C'est à elle que revient l'honneur d'avoir créé le grand étang du Ru-de-Verou mesurant en superficie plus de 100 arpents et produisant à chaque pêche d'importants revenus.

Les renseignements précis, parvenus jusqu'à moi, concernant la ferme du Ru-de-Verou faisant défaut, par suite de malencontreuses lacérations et destructions de pièces effectuées en 1793, lors de la suppression de l'abbaye, je ne puis citer qu'un seul document relatif à cette ferme. En voici le résumé.

Le 16 décembre 1599 Madame Jeanne de Bourbon, abbesse de Jouarre et de Sainte-Croix de Poitiers, fit bail pour 12 années à Gastellier, demeurant à, Montguichet, de la ferme que l'abbaye de Jouarre possédait au Ru-de-Verou moyennant 7 muids de grain 2/3 blé 1/3 avoine, sur lequel grain 14 boisseaux de blé devaient être pris par la veuve Duchemin demeurant à Meaux, de plus le preneur devait livrer chaque année un porc gras valant 8 livres et 4 livres de cire neuve. En sus le preneur devait loger et nourrir 13 moutons appartenant à l'abbaye.

Ce bail consistait dans la ferme et cense du Ru-de-Verou plus dans la jouissance annuelle des grandes dîmes de la ferme de Gouin.

Le corps de ferme, consistant en logis, grange, étables, cour, jardin, et accin, était compris dans une pièce de 25 arpents située au Ru-de-Verou et tenant au chemin conduisant de ce hameau à St-Germain.

Les parcelles attachées à cette ferme étaient au nombre de 15 et l'ensemble comprenait une superficie de 63 arpents, 50 perches. Les riverains de ces diverses parcelles dont la plupart habitaient le Ru-de-Verou, Gouin et la Borde portaient les noms suivants : Sanson, Noblet, Pierre Noblet, Pierre Sallon, Denis Pinard, Philibert Ludde, Denis Bonnard, Forget et Bourgault.

En dehors des conditions pécuniaires du bail, le fermier s'était engagé à vivre catholiquement, à prélever loyalement la dîme, à cultiver et à amender convenablement sans dessoller ni dessaisonner et à rendre les dites terres en fin de bail en bon état. Il lui était accordé de faire pâturer ses bestiaux sur les bords du Grand Etang du Ru-de-Verou sauf à l'époque du frai du poisson.

Dans les dernières années du XVIe siècle il existait au Ru-de-Verou une autre ferme dont la superficie était supérieure à celle de l'abbaye. Elle avait pour propriétaire messire François de Renest seigneur de la Motte d'Ormoye près Chamigny. Il est vraisemblable qu'en dehors des bâtiments d'exploitation proprement dits une habitation confortable avait été également édifiée, car François de Renest y fit pendant quelque temps sa résidence; d'autre part, durant tout le cours du XVIIe siècle cette demeure fut occupée par les propriétaires de la ferme.

Parmi les autres personnes habitant le Ru-de-Verou à la fin du XVIe siècle, je citerai, entre autres, les héritiers Bonnard et Julien Cherrier. Ce dernier possédait en ce lieu 3 bouges de grange et environ 41 arpents 75 perches d'héritages en plusieurs parcelles chargées de 13 sols 11 deniers de cens envers l'abbaye.

Vers 1630 les bâtiments et les terres de la ferme de François de Renest passèrent aux mains de M. Germain Courtin, écuyer, seigneur de Tanqueux Beauval etc. Ce propriétaire fit en 1637 quelques additions aux terres de la ferme, mais il ne paraît pas avoir habité le Ru-de-Verou. En décembre 1647 il fit bail à Philippe Boudier des 132 arpents de sa ferme moyennant 400 livres, 6 chapons vifs et un porc ou 12 livres. D'où il suit que le prix moyen du loyer par arpent, à la mesure de 18 pieds 4 pouces, correspondait alors à 3 livres 2 sols 10 deniers équivalant aujourd'hui à la puissance d'achat de 15 fr. 50 (Lebert.)

Germain Courtin décéda vers 1650 laissant en héritage sa ferme du Ru-de-Verou à Pierre Courtin son fils, lequel en 1667 loua cette ferme à Étienne Sonnette moyennant 400 livres par an.

En 1671 Henri du Bois de la Fayette se trouvait possesseur en partie de la ferme dont Pierre Courtin avait été précédemment détenteur. Henri du Bois épousa en secondes noces, le 21 janvier

1671, demoiselle Claude Binet dite Mademoiselle de La Fayette avec laquelle il résida au Ru-de-Verou, où il se livra à l'exploitation de ses terres. Ses affaires ne prospérèrent point, car après son décès arrivé en 1679, le procureur fiscal de la chatellenie de Jouarre dut recourir à la justice pour obtenir paiement de 29 années d'arrérages de cens.

Dès 1676 Claude Binet, citée ci-dessus, pour sauvegarder son apport en mariage qui avait été de 16000 livres, demanda et obtint une séparation de biens fondée sur les habitudes de dissipation de son mari.

La veuve du Bois de la Fayette mourut vers 1700 laissant pour héritiers Pierre Leclerc ainsi que les frères et sœurs de ce dernier. La liquidation de cette succession fut difficile. En 1708 on dut nommer un curateur et il fut alors constaté que cette succession était redevable de 40 années d'arrérages d'une rente annuelle de 5 livres 13 sols, 15 deniers, soit au total 228 livres environ, envers l'abbaye de Jouarre. Mme Anne Marguerite de Rohan Soubise, abbesse de ce monastère, fut alors sollicitée par les héritiers Leclerc d'acquérir les 132 arpents de la ferme dont ils avaient hérité et dont ils étaient dans l'impossibilité d'acquitter les charges grevant cet immeuble. La proposition fut agréée avec d'autant plus d'empressement par l'abbesse que les prétentions des héritiers Leclerc étaient modérées et que, d'autre part, l'acquisition qui lui était proposée devait permettre d'accroître l'importance des bâtiments et l'étendue des cultures de la ferme que l'abbaye possédait déjà au Ru-de-Verou. Les 7000 livres, prix de la cession des 132 arpents de la ferme des Leclerc, furent versées aux ayants droit le 31 octobre 1718.

J'observerai que le prix moyen d'achat de cette ferme, qui ressort à 53 livres l'arpent ne doit pas être regardé comme correspondant au prix moyen de l'arpent de terre en ce lieu à l'époque ou cette opération fut faite, car les bonnes terres, comme celles du Ru-de-Verou, valaient alors en moyenne de 70 à 80 livres l'arpent et le rendement du loyer correspondait généralement à cinq pour cent du prix d'achat.

Je n'ai pu consulter les baux qui eurent lieu aussitôt après la réunion en une seule main des deux fermes dont je viens de parler. Je sais seulement par un bail en date de 1763, consenti au profit de Nicolle Drouet, veuve Nicolas Leduc, que les bâtiments de l'ancienne ferme de l'abbaye consistaient en : un corps de logis bâti à neuf depuis quelques années avec cour fermée de murs, étable, laiterie, écurie, bergerie, toits à porcs, grange, poulailler, hangar, etc.. auxquels étaient joints 64 arpents 19 perches de terres et prés.

Ce bail comprenait en outre :

1° L'ancienne ferme des héritiers Leclerc consistant en maison, grange, hangar, écurie, jardin, accin et clos contenant 5 arpents, 28 perches, plus 112 arpents 41 perches 7/15 de terre prés et bois en 40 parcelles.

2° La petite ferme de *Romeny* composée de maison, grange, étable etc. et de 16 arpents 82 perches de terres prés et savarts en 25 parcelles.

3° Le grand et le petit Bruyas contenant ensemble 4 arpents 1/2 en pré et en une seule parcelle.

4° Le lot de terre du Choisel.

5° Et enfin les dîmes de Gouin.

Ce bail fut consenti, outre les indications concernant le mode de culture et la jouissance, moyennant 1000 livres en argent et 6 muids de blé (correspondant à 112 hectolitres 32) plus 12 chapons vifs et 12 fromages à la crème faits au grand moule.

Parmi les obligations que l'on rencontre généralement dans les baux de l'abbaye, il faut citer celle de vivre catholiquement imposée au fermier et à sa famille.

En 1780, d'après le plan de Duquenel, les bâtiments de la ferme, la cour et le jardin comprenaient une superficie de 97 perches.

En 1784, Pierre Masson, gendre de Nicole Leduc prit à bail les fermes et dépendances ci-dessus énumérées moyennant 1200 livres et 8 muids de blé rendus à l'abbaye soit une augmentation de 200 livres en argent et de 2 muids de blé, sur le prix précédemment concédé à la veuve Nicolas Leduc.

Les biens ecclésiastiques ayant été déclarés propriété nationale par l'Assemblée Constituante, les deux fermes que possédait l'abbaye au Ru-de-Verou furent vendues, le 23 mai 1791, par les administrateurs du district de Rozoy, moyennant 64.300 livres, à François-Louis Tesseidre de Fleury, colonel du régiment de Pondichéry-Infanterie demeurant à Paris.

La petite ferme de *Romeny*, les étangs Bruyas et le Choisel, compris au bail de 1784, cité plus haut, furent vendus séparément.

Malgré mes recherches concernant les anciens habitants et petits propriétaires du hameau, je n'ai pu reconstituer que les faits suivants.

En 1591 l'abbaye de Jouarre fit bail à Noël Guyot, moyennant 4 livres 10 sols par an, des dîmes en vin du Ru-de-Verou, des

Louvières et des Montgouins. Ce petit vignoble compris entre les hameaux précités et les bois occupant le flanc du côteau semble avoir été remplacé par d'autres cultures dès le milieu du XVIIIe siècle.

Vers 1690 les biens de Louis Chresne, furent acquis et réunis à la ferme des Louvières ; à la même époque Henri Dâge, laboureur, exerçait la fonction de substitut notaire au Petit Montgouin, il vint ensuite habiter le Ru-de-Verou. Il était à ce moment substitut du tabellion de Jouarre, et continuait néanmoins de cultiver ses terres.

Je dois dire ici quelques mots de la haute faveur accordée par Mme de Rohan Soubise, abbesse de Jouarre aux habitants du Ru-de-Verou, de Gouin, des Louvières, du Petit et du Grand Montgouin.

Lorsque la léproserie du Ru-de-Verou cessa de donner asile aux lépreux, (vers 1520) l'abbesse de Jouarre, pour satisfaire au désir de ses censitaires des hameaux précités, leur avait octroyé la faveur d'entendre les offices religieux à la chapelle du Ru-de-Verou, que le chapelain bénéficiaire devait célébrer chaque dimanche. Vers 1660 la léproserie ayant été concédée à l'ordre des frères du Mont-Carmel et de Saint-Lazare, la célébration des offices fut interrompue au grand regret, paraît-il, des habitants bénéficiaires ; mais en 1695 l'abbaye de Jouarre étant rentrée en possession du bâtiment de l'ancienne léproserie, Mme de Rohan abbesse restitua aux habitants le privilège d'assister sans grand dérangement aux offices hebdomadaires qui continuaient à se célébrer à la chapelle de la léproserie. La jouissance de cette faveur se prolongea jusque vers 1712 date à laquelle la célébration du culte fut interdite, vu l'état de dégradation des murailles, des voûtes et de la couverture de l'ancienne léproserie.

Parmi les propriétaires qui habitaient le Ru-de-Verou, lors de la rédaction du terrier de 1716, je citerai encore :

1° Cosme Candas possesseur d'une maison, grange, étable, cour jardin, tenant à la rue du Hameau, à la rue des Louvières et à M. Saget des Louvières, plus 21 parcelles contenant ensemble 14 arpents. Le tout chargé de 4 sols 8 deniers de cens.

2° Thomas Lot, propriétaire d'une maison, grange, étable, bâtiments, l'ensemble couvert de tuiles et de chaume avec cour et jardin, le tout tenant à Cosme Candas, à l'abbaye, au chemin de Rebais ; plus 21 parcelles, contenant au total 7 arpents 50 perches, chargées de 2 sols 6 deniers de cens et en partie de la rente dite de la Fondrière.

3° Louis Labbé, qui habitait la partie du hameau paroisse de Jouarre et qui possédait sur la seigneurie de Saint-Cyr 4 arpents en 8 parcelles, chargés de 16 deniers de cens.

Vers 1830 M. Calvet fit établir en ce lieu un moulin alimenté par le Rû du Choisel. Bien que cette usine ait été construite dans des conditions satisfaisantes, l'insuffisance du volume d'eau contraignit le propriétaire à abandonner son entreprise et à affecter ses bâtiments aux besoins de sa culture.

GOUIN

J'ai indiqué au début de cette notice que la partie sud du territoire de Saint-Cyr était desservie à l'époque gallo-romaine par une grande voie empierrée reliant la bourgade de Doue à celle de Jouarre et que, à 500 mètres environ au nord de cette voie et à 150 mètres à l'ouest du hameau de Gouin (1), les vestiges d'une *villa-agraria* avaient été découverts.

A cette énonciation sommaire je dois ajouter que M. Marlieu rencontra dans un champ des vestiges de cette *villa agraria* et fit des recherches partielles. Les fouilles pratiquées mirent à découvert de nombreux fragments de tuiles à rebords et d'imbrex, diverses poteries de forme antique et un certain nombre de monnaies romaines dont une bien conservée de Néron Germanicus.

Le pavimentum de cette habitation se composait de briques carrées, reposant sur une couche de mortier de chaux et de pierrailles. Je fis moi-même de nouvelles fouilles en 1879 et je reconnus que l'habitation gallo-romaine découverte par M. Marlieu se prolongeait à l'est sur une longueur d'environ 9 mètres et sur une largeur de 6 mètres. Les fondations en meulière mesuraient environ 40 centimètres d'épaisseur et ne pénétraient guère dans le sol au-delà de 50 centimètres.

---

(1) Dans cet ouvrage nous avons conservé au nom de lieu : "Gouin" l'orthographe du siècle dernier ; il n'en est pas de même sur le plan de la commune de St-Cyr que nous avons joint à cette notice et qui porte "Goin" ; ce plan étant la reproduction de cartes modernes ; nous n'avons pas modifié, en les copiant, l'orthographe actuelle des localités.

A l'origine l'ensemble de la construction se divisait en deux parties séparées par un mur. La partie ouest fouillée par M. Mar lieu correspondait au logement du colon agriculteur et la partie est non pourvue de carrelage devait servir de remise soit pour des bestiaux, soit pour des grains.

Les débris de cette habitation gallo-romaine se trouvaient au voisinage de l'emplacement d'un marais; on ne peut en douter puisqu'aujourd'hui encore le sol, situé au-dessous de Gouin, présente une humidité constante et donne naissance à un ruisseau appelé le Rû de Gouin ; on conçoit donc facilement que la *villa agraria* ait porté le nom de *Guoun* expression correspondant à *Palus* (Marais) dans le dialecte celtique parlé à cette époque par les habitants des campagnes de la Gaule septentrionale (Zeuss, Grammaire celtique).

Il est vraisemblable qu'à la suite des perturbations qui survinrent en Gaule, lors de la conquête Franque, la villa appelée *Guoun* ou *Guen* selon le dialecte bas-breton, fut détruite et que la culture des champs avoisinants fut abandonnée ; néanmoins malgré l'interception de la voie romaine, des relations entre Doue et Jouarre se continuèrent au moyen du chemin supplémentaire appelé : la rue de Villeneuve.

Lorsqu'au IXe siècle, Louis le Débonnaire eut reconstitué l'abbaye de Jouarre, il établit, dans un intérêt religieux facile à concevoir, un grand chemin facilitant les relations entre l'abbaye et le monastère occupé par les moines de Rebais. L'exécution de ce chemin qui traversait sur un long parcours la fertile plaine dite de Gouin eut pour conséquence de faire rendre peu à peu à la culture les champs naguère cultivés par le colon de la villa détruite de Gouin.

Dès lors avec le concours de l'abbaye un nouveau groupe d'habitations se constitua. A chaque chef de famille, il fut concédé quelques arpents de terre en plusieurs parcelles à charge par le tenancier, de payer annuellement au seigneur une redevance appelée cens, et de se soumettre aux multiples obligations que le vassal devait à cette époque à son seigneur. Il y aurait même de fortes raisons pour conjecturer que l'abbaye établit aussi en cet endroit une grange ou métairie destinée à remiser le produit des dîmes, sous la surveillance d'un grangier cultivant un certain nombre d'arpents de terre en qualité de locataire de l'abbaye.

En raison de la fertilité de la plaine de Gouin d'autres hameaux comme le Ru-de-Verou, Les Louvières, le Petit Montgouin s'établirent aux abords du chemin de Rebais : de telle sorte qu'au XIIIe siècle la totalité de ce plateau se trouvait divisée en un nombre considérable de petites parcelles, ce qui procurait à l'abbaye sous forme de cens ou de dîme un revenu important pour l'époque.

A en juger par le nombre et l'étendue des bâtiments qui garnissaient les deux cours communes existant en ce lieu, il est vraisemblable qu'au XIVe ou au XVe siècle la population de ce hameau était plus nombreuse qu'elle ne l'est de nos jours.

En vue de se garantir contre les incursions et les rapines des vagabonds et autres malandrins, qui rançonnaient les habitants des campagnes, aussi bien à l'époque des croisades qu'au cours des guerres de la minorité de Charles VII, les habitants de Gouin avaient eu la précaution de défendre leurs demeures par de fortes haies d'épines clôturant les jardins situés derrière les habitations. Puis pour obvier à l'accès de gens mal famés à l'intérieur de leur hameau ils avaient établi deux passages communs l'un au nord l'autre à l'ouest : chacun de ces passages pourvus de couvertures et de portes solides ne s'ouvraient qu'à bon escient. L'un d'eux voûté en ogive était muni de deux portes.

Au cours du XVe siècle, par suite des troubles civils des guerres de la minorité de Charles VII et du séjour des Anglo-Bourguignons dans la Brie, les paysans de nos campagnes. eurentbeaucoup à souffrir de la présence de soldats indisciplinés, de la famine et des maladies épidémiques. Les dommages que les habitants de Gouin eurent à supporter furent considérables. Des familles entières s'éteignirent, les cultures furent presque abandonnées, la ferme de l'abbaye fut en partie détruite et les terres restèrent incultes. Cette conjecture se trouve confirmée par les désastres de cette nature que subirent les fermes de l'Hotel-du-Bois, la Masure, le grand Couroy etc (Paroisse de Jouarre).

En vue de remédier aux pertes subies par l'abbaye, les abbesses s'efforcèrent de se procurer quelques ressources en opérant l'ascensement des terres incultes, des terres sans héritiers et de celles leur appartenant, mais pour la mise en valeur desquelles il ne se rencontrait pas de locataires. C'est sous l'empire de telles nécessités qu'en 1487 l'abbesse Jeanne d'Ailly ascensa de nouveau certaines terres des environs de Gouin mais au taux ancien du cens, 4 deniers par arpent, un surcens ou rente foncière fut ajouté : Ainsi fut établie la grande rente de Gouin, dont le montant était de 10 livres et dont chaque possesseur d'habitation et de parcelles d'héritage devait acquitter une part proportionnelle à la superficie dont il jouissait. A cette rente de 10 livres, applicable au hameau proprement dit ainsi qu'à d'autres champs limitrophes, vinrent s'ajouter postérieurement la rente du Champ Margat valant 3 livres et un chapon, la rente de la Croix-Blanche, qui se payait sur le pied de 12 deniers par arpent. Enfin en 1541 un dernier ascensement eut lieu mais il ne porta que sur un nombre restreint de parcelles.

Au cours du XVIe siècle, le hameau de Gouin se trouvait habité par 4 ou 5 propriétaires-cultivateurs, dont les noms sont parvenus jusqu'à nous, soit par des titres de la fin du XVIe siècle soit parce que ces noms servirent à désigner des champs. Ces noms sont les suivants, Forget, Bourgault, Bled, Collot, Noiret, Damien, Massiot.

Des actes de la fin du XVIe siècle nous apprennent qu'à cette date Gouin constituait un dîmage, que les abbesses de Jouarre donnaient à loyer à leurs fermiers de la ferme du Ru-de-Verou. Ce dîmage avait pour limites le grand chemin de Rebais au nord, les bois de l'abbaye au sud, la seigneurie de Doue à l'est et les champs de Villeneuve et de la Charbonnière à l'ouest.

Au cours du XVIIe siècle le nombre des habitants de Gouin ne paraît pas s'être accru, mais la superficie de leurs cultures prit de l'extension Il résulte de quelques titres dont nous avons pu prendre connaissance que :

1° Denis Bled, laboureur à Gouin, fit acquisition en 1600, de 91 perches de terre sises à Villeneuve moyennant 15 livres et un setier de blé. A cette époque un setier de blé valait en moyenne 6 livres, 18 sous (Lebert).

2° Julien Cherrier, laboureur, demeurant à Gouin, possédait en 1602, 41 arpents 3/4 d'héritages chargés de 13 sols 11 deniers de cens.

3° Jean Fontaine, laboureur au dit hameau, prit à bail en 1650, 7 arpents de terre moyennant un loyer annuel de 6 setiers de blé à 1 sol près du meilleur, soit environ 130 livres car le setier de blé à cette époque valait à Coulommiers 21 livres 12 sols.

4° Un des laboureurs habitant Gouin avait nom Jean Cocu ; sa culture comprenait, en 1667, quelques arpents seulement.

5° Jacques Bled, propriétaire à Gouin prit à bail la ferme de la Borde, en 1668.

6° Messire Jacques Bedouet du Plessis, écuyer, l'un des cent gardes du corps de Monseigneur, frère unique du roi, possédait à Gouin en 1691, une ferme provenant en partie de Catherine Bled, son épouse. Cette ferme, jointe aux propriétés que Jacques

Bédouet avait acquises de plusieurs, comprenait en 1699, 134 arpents 3 perches d'héritages en 113 parcelles. Elle se composait à cette époque d'un grand corps de logis servant de maison, étable, laiterie, cellier, granges, toits à porcs, poulailler, etc.

Messire Jacques Bédouet et sa femme vendirent conjointement leur ferme de Gouin, le 28 avril 1699 à Jean Fontaine, laboureur alors locataire de la ferme du Grand Bibartault moyennant une somme de 11,500 livres en principal, réprésentant une rente de 575 livres que l'acquéreur devait acquitter annuellement.

Messire Jacques Bédouet mourut dans les premières années du XVIIIe siècle laissant sa veuve dans une position fort modeste, ainsi que cela résulte de la déclaration faite par elle en 1715, au terrier de la seigneurie de Saint-Cyr. A cette date la maison que possédait à Gouin Catherine Bled, était contiguë aux bâtiments de la ferme acquise par Jeanne Fontaine ; elle tenait par devant à la cour commune et par derrière au clos et jardin dépendant de la dite maison, laquelle par sa couverture en tuile se distinguait des autres habitations du hameau.

Ce même terrier de Saint-Cyr indique qu'en l'année 1720, la grande ferme de Gouin était passée des mains de Jean Fontaine dans celles de Jeanne Fontaine, sa fille, alors mineure. A cette date, la grande ferme de Gouin, en dehors de ses nombreux bâtiments couverts de tuiles et de chaume, comprenait 141 arpents 1/2 se décomposant en 135 parcelles. La jeune et riche héritière ne tarda pas à se marier et à prendre rang parmi les dames de la bourgeoisie. En 1720 nous la trouvons épouse de Jacques Toulotte, marchand à la Ferté. En secondes noces, elle épousa Messire Georges Barbier, conseiller du roi ; enfin vers 1745, elle prit un troisième mari, Michel Desaunée, procureur au bailliage de la Ferté-sous-Jouarre, dont elle n'eut pas d'enfant.

Jeanne Fontaine fit opérer le mesurage de sa ferme de Gouin, en 1759. A cette date, la ferme contenait 211 arpents 1/2 dont :

Bâtiments, clos et jardin.	10 arpents	89 perches.
Terres labourables	182 arpents	92 perches.
Vignes		94 perches.
Clos et prés	15 arpents	3 perches.
Bois, ...	1 arpent	73 perches.

Le tout à la mesure de 18 pieds 4 pouces.

En dehors de Jeanne Fontaine, le hameau de Gouin comprenait 6 habitations pourvues chacune de petits bâtiments annexes, le tout couvert de chaume. L'énumération suivante permettra d'apprécier le dégré d'aisance de la population à cette époque :

1° Jacques Leroux possédait une maison des bâtiments te 14 arpents 1/2 d'héritages. Il payait à l'abbaye 4 sols 10 deniers de cens plus 8 sols et une poule de rente foncière pour le Champ Noiret.

2° Edme Manigaux possédait 2 arpents 1/2 d'héritages et une maison. Il payait 6 deniers de cens.

3° Joachim Goujon possédait une maison et 1 arpent 25 perches d'héritages pour lesquels il payait 5 deniers de cens.

4° La veuve Jacques Bédouet du Plessis possédait une maison, un jardin, un clos et une parcelle de terre contenant ensemble 75 perches, pour lesquels elle payait 3 deniers de cens.

5° Etienne Picard possédait une maison et un demi arpent de terre pour lequel il payait 2 deniers de cens.

6° Enfin Jacques Damiens était acquéreur de la maison que l'Hôtel-Dieu de Jouarre possédait à Gouin.

On voit par ce qui précède qu'au XVIIIe siècle la presque totalité de la population de Gouin se composait d'ouvriers agricoles, d'autant plus attachés au sol qu'ils en possédaient des parcelles, et que dans la ferme voisine ils trouvaient le travail quotidien nécessaire à l'entretien de leur famille.

Le lecteur trouvera à la page 103 la reproduction d'un plan du hameau de Gouin, exécuté en 1773 par Duquenel, arpenteur de l'abbaye de Jouarre. Ce plan est précédé d'un tableau qui indique les noms des propriétaires de ce hameau ainsi que la nature de leurs biens. Un numéro de rappel permet de retrouver l'emplacement de chaque propriété.

Tous les propriétaires devaient proportionnellement la rente de Gouin qui était au total de 10 livres au profit de l'abbaye.

Toujours d'après Duquenel la superficie totale de la plaine de Gouin limitée au nord par le chemin de Rebais, à l'ouest, et au sud par la paroisse de Jouarre, à l'est par le bois de la Récompense et la paroisse de Doue s'élevait à 579 arpents 31 perches, se décomposant en 544 parçelles et se répartissant entre cinquante propriétaires ce qui donne en moyenne par propriétaire environ 11 parçelles mesurant chacune 1 arpent 5 perches.

En comparant ces chiffres avec ceux fournis par les opérations cadastrales ultérieures on verra, si la grande division actuelle du sol est le résultat de la Législation inaugurée par la Révolution Française.

Le fils de Jeanne Fontaine : Georges Félix Barbier hérita vers 1780 de la ferme de Gouin. Après avoir habité Meaux où il exerça la fonction de greffier en chef en l'élection, il alla se fixer à

LÉGENDE

Numéros du plan	Noms des Propriétaires	Nature de la Propriété	Numéros du plan	Noms des Propriétaires	Nature de la Propriété
1	Joachim Goujon	Maison et bâtiment.	22		Cour et Place.
2	id.	Jardin.	23		Commune de Gouin.
3	Veuve Barbier	Bâtiment.	24	Veuve Barbier	Jardin.
4	id.	Maison et Bâtiment.	24 *bis*	M. Boistel	Bâtiment.
5	id.	Bâtiment et écurie.	25	id.	Maison et Bâtiment.
6	id.	Grange.	26	id.	Clos et Jardin.
6 *bis*		Passage commun.	27	Joachim Goujon	Clos et Jardin.
7	Veuve Barbier	Clos et Jardin.	28	Louis Lot	Jardin.
8	id.	Clos.	29	Héritiers Goujon	Maison et Bâtiment.
9	id.	Clos.	30	id.	Jardin.
10	id.	Bâtiment.	31	Veuve Barbier	Jardin et Mare.
11	Jean-Robert Damien	Clos et Bois.	32	Jean Moreault	Jardin.
12	id.	Jardin.	33	Héritiers Veuve Goujon	Clos.
12 *bis*	id.	Maison et Bâtiment.	34	Veuve Maçon	Terre.
13	Veuve Barbier	Bâtiment.	35	Nicolas Salmon	Terre.
14	Jean-Robert Damien	Bâtiment.	36	Jean Moreault	Terre.
15	id.	Bâtiment.	37	Nicolas Salmon	Terre.
16	Jean Moreault	Bâtiment.	38	Veuve Barbier	Terre.
17		Cour commune.	39	Jean Moreault	Terre.
18	Jean Moreault	Bâtiment et Maison.	40	Nicolas Salmon	Terre.
19	M. Boistel	Bâtiment.	41	M. Greban	Terre.
20	Louis Lot	Bâtiment.	42	Sieur Gallet	Terre.
21	id.	Place à bâtir.	43	M. Greban	Terre.

Récapitulation : Habitations, 6 — Bâtiments, 17. — Jardins, 10. — Clos, 7. — Parcelles en terre, 10.

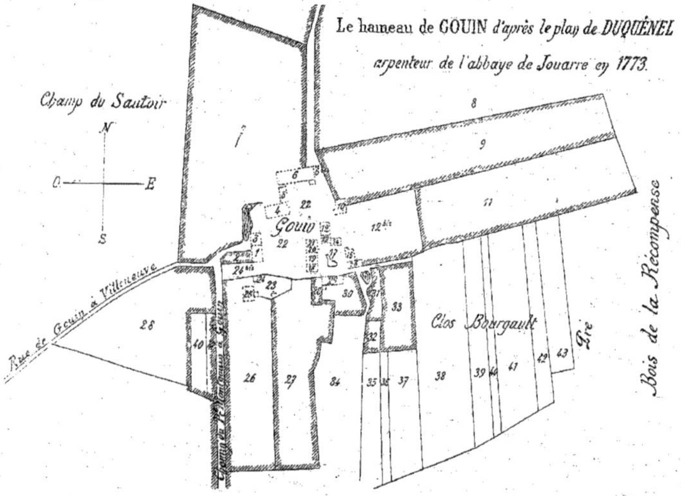

Le hameau de GOUIN d'après le plan de DUQUÊNEL
arpenteur de l'abbaye de Jouarre en 1773.

Champ du Sautoir

Gouin

Rue de Gouin à Villeneuve

Clos Bourgault

Pré

Bois de la Récompense

Paris. Il avait épousé Françoise Conroy, morte en 1781. De son mariage était né Georges Augustin Barbier. A l'époque ou Georges Félix Barbier entra en possession de l'héritage maternel, le hameau de Gouin comprenait en dehors de la ferme 5 habitations et un certain nombre de bâtiments. En 1776 il se rendit acquéreur de l'habitation des bâtiments et des héritages de Robert Damiens, à charge d'une rente viagère.

Georges Félix Barbier dont les agitations révolutionnaires de la capitale blessaient les convictions se détermina à quitter Paris en 1790, pour venir habiter Gouin avec son fils, espérant y trouver sans doute le calme et la sécurité. Malheureusement pour lui l'antipathie qu'il professait pour les institutions nouvelles ne fut point modifiée par un séjour de trois années au contact de ces paisibles habitants, ses voisins et ses auxiliaires. La proclamation de la République l'exaspéra, paraît-il, et lui fit perdre le sentiment de la prudence ainsi que la notion exacte du danger que courait, même à Gouin, un riche bourgeois affectant des allures de gentilhomme et se permettant des intempérances de langage à l'égard de la République.

Aussi arriva-t-il qu'un jour, à l'époque de la moisson de 1793, rencontrant dans l'un de ses champs une pauvre paysanne glanant, bien que la récolte ne fût pas totalement enlevée, il se prit à gourmander durement cette malheureuse, qui selon la légende lui répondit : *On voit bien Monsieur que vous n'avez pas le cœur d'un bon républicain.* Barbier au paroxysme de la colère répliqua : *J'aimerais mieux être chien que républicain ;* levant en même temps sa canne il menaça ou peut-être frappa la glaneuse. Naturellement celle-ci, qui habitait le Petit Montgouin, raconta l'aventure en atténuant ses torts et en exagérant probablement ceux de Barbier. L'incident, vraisemblablement grossi par la malveillance parvint jusquà Rozoy où siégeait le tribunal révolutionnaire. Des agents vinrent faire une enquête à la suite de laquelle Barbier et son fils furent incarcérés.

L'instruction de l'affaire commencée en brumaire se termina en pluviôse et Barbier déclaré coupable fut condamné à mort le 2 ventôse an II.

Son fils, raconte la tradition, aurait pu éviter la peine capitale en raison du peu d'importance des faits, mais il aggrava sa situation par sa persistance à déclarer qu'il partageait les opinions de son père et qu'il se considérait comme solidaire de ses actes. L'arrêt le condamnant à mort fut prononcé le 27 ventôse an II.

Un mois plus tard le père et le fils, furent exécutés le même jour, (germinal an II).

En prairial de la même année, il fut procédé au nom de l'Etat à l'adjudication aux enchères du bail de la ferme de Gouin moyennant 1825 livres. La contenance de cette ferme étant de 200 arpents environ, le prix moyen du loyer ressortait donc à 9 livres 2 sols l'arpent.

LES LOUVIÈRES

Ce hameau, situé entre la route départementale n° 4 et l'ancien grand chemin de Rebais aujourd'hui vicinalisé, comprend deux groupes d'habitations savoir : le hameau proprement dit que l'on désignait au XVIIIe siècle sous le nom de *Grand Louvier* et deux fermes voisines, peu éloignées du groupe précédent, auxquelles on donnait naguère le nom de *Petit Louvier*.

Avant de rechercher l'origine de ces diverses dénominations j'indiquerai que la mise en culture de cette partie du territoire de Saint-Cyr eut lieu dans la seconde moitié du XIIe siècle. Je me base à cette égard sur ce fait que le cartulaire de Jouarre établi au XIIIe siècle (1), fait mention d'une hostise ou métairie dont la situation semble correspondre à celle du hameau faisant l'objet de ce chapitre. Ce cartulaire indique (folio 56) que quatre hostises chargées envers l'abbaye de certains services fonciers dépendaient de la seigneurie de Saint-Cyr. Ces hostises se trouvent désignées par le nom de leurs propriétaires : l'hostise *Amiart*, l'hostise *Gautier le Gui*, l'hostise *Adam Maugier* enfin l'hostise de *la Prévôté*. Cette dernière correspondait à la petite ferme où le prévôt de l'abbesse faisait sa résidence.

A mon avis l'expression l'hostise Amiart correspond à l'emplacement de la ferme appelée plus tard la *Linoterie* ou le *Petit Louvier* Des titres du XVIIe siècle attribuent la dénomination de bois Amiart à des parcelles situées immédiatement au-dessous du hameau des Louvières, d'autre part l'emplacement de l'hostise

(1) Bibliothèque Nationale M. fonds français n° 11571.

Gautier le Gui correspondait au XVIIe siècle au lieu dénommé la Maison Gautier laquelle était située immédiatement au-dessous des habitations du hameau du Petit Montgouin. Aux alentours de cette Maison Gautier existait à la même époqne les lieux dits la cour Gautier et le pré Gautier.

En ce qui touche l'hostise Adam Maugier elle représenta probablement plus tard la ferme du Grand Montgouin.

On appelait hostise ou hostice une habitation rurale à laquelle une quantité variable de terre se trouvait annexée et où résidait avec sa famille un roturier cultivateur appelé généralement hôte. La famille de l'hôte s'accroissant avec le temps, de nouvelles habitations s'élevaient dans le voisinage immédiat de l'hostise originaire. Le seigneur accordait d'autant plus facilement de nouvelles concessions de terrains qu'il augmentait de la sorte ses revenus. C'est donc ainsi à n'en pas douter, dès le XIVe siècle, par exemple, que la descendance d'Amiard premier concessionnaire, se trouva avoir constitué un hameau sur l'emplacement occupé aujourd'hui par le groupe d'habitations des Louvières. Ce groupe porta très probablement pendant un certain temps la dénomination *villaige des Amiart*. Plus tard vers le XVe siècle en raison de circonstances restées ignorées, pouvant avoir une corrélation avec la destruction des loups, ce lieu s'appela les Louviers.

Cette modification du nom pourrait encore coïncider avec la prépondérance d'une famille de louviers ou louvetiers.

Le cartulaire de l'abbaye de Jouarre dont j'ai parlé me permet d'indiquer exactement les charges que devait acquitter au XIIIe siècle la population des *Amiart* envers leur seigneur l'abbesse de Jouarre. L'hostise *feu Amiart* devait rendre chaque année 4 setiers d'avoine plus par chaque cheval de trait 3 fois la corvée par an, plus enfin la dîme, le cens et la taille. Mais sauf la dîme, la plupart des redevances payées au XIIIe siècle furent modifiées comme nous le verrons plus loin.

Vers la fin du XIVe siècle le hameau des Louviers vit son importance s'accroître par la création d'une exploitation agricole d'une certaine étendue consacrée en partie à la culture du lin. On fabriqua dans cette localité le tissu appelé linot d'où la dénomination de *Linoterie*. Cette expression se transforma à la longue par corruption en celle de *Liloterie*.

A la même époque semblable culture et fabrication se produisirent paroisse de Doue et paroisse de Signet; dans chacun de ces lieux le nom correct de *Linoterie* se transforma pour la paroisse de Doue en *Niloterie* et pour Signet en *Ninolerie*.

Au XVIIe siècle la Linoterie des Louvières avait abandonné sa culture spéciale pour celle des céréales exclusivement. Une habitation confortable et des bâtiments couverts de tuiles avaient été annexés à la vieille construction de la Linoterie. La ferme nouvelle avait échangé son ancienne dénomination contre celle du *Petit Louvier*. Seule la voie, conduisant de ce lieu à la ferme de Villeneuve, avait gardé son ancien nom de chemin de la Linoterie, qui s'appelait aussi par corruption *la Linote*.

En ce qui touche les habitants des Louvières, le nom le plus ancien que nous ayons rencontré dans les titres est celui de Nicolas Meaulme, laboureur, qui en décembre 1588 (Minutes Laisné) constitua au profit de François Chibert de la Ferté-au-Col, une rente de 9 livres 3 sols 4 deniers assise sur 7 travées de logis avec cour, jardin, accin contenant ensemble 3 arpents situés aux Louvières et sur plusieurs pièces de terre à la Croix Blanche.

Nous avons également trouvé le nom de François Symon possesseur aux Louvières en 1590, d'une habitation couverte de chaume tenant à la cour commune et à la rue du dit lieu conduisant au grand chemin de Rebais. Dans cette cour habitait en 1607, François Hanneton, qui à cette date octroya permission à Ronsin et Montrabert, meuliers à la Ferté, d'extraire des meulières sur une de ses parcelles tenant à la sente dite de Busserolles. Cette sente mettait en communication la chapelle du Ru-de-Verou avec la chapelle de Busserolles.

Il nous paraît rationnel de supposer que l'exploitation des meulières sur le terrain Hanneton fut des plus fructueuses car nous avons rencontré un certain nombre d'actes constatant que plusieurs meuliers de la Ferté tels que: Alexandre Pottin et autres firent acquisition de diverses pièces de terre sises aux environs des Louvières en vue d'y extraire le précieux calcaire siliceux qui dès cette époque jouissait d'une renommée européenne. Ce fut aussi certainement dans le même espoir qu'Esme Saget, d'abord domestique puis agent de Philippe Bonneau, prieur de Reuil, fit acquisition d'une partie des terres de l'ancienne ferme de la Linoterie. Cet Esme Saget, qui fut capitaine de la milice bourgeoise de la Ferté, puis échevin de cette ville, avait fait, paraît-il, d'excellentes affaires en administrant les propriétés de son maître ainsi qu'en se livrant avec son ami Alexandre Pottin à l'industrie de la meule. Les relations intimes de ces deux hommes devinrent d'autant plus étroites que le fils d'Esme Saget, Alexandre Saget, épousa la fille d'Alexandre Pottin, Agnès Pottin.

Alexandre Saget et Agnès Pottin au cours de leur union firent acquisition d'un certain nombre de parcelles situées aux environs de Gouin et des Louvières. Ils se rendirent propriétaires en 1700 des biens de Louis Chresme du Ru-de-Verou de telle sorte que dans les premières années du XVIIIe siècle, l'ancienne ferme de la Linoterie devenu le Petit Louvier, comprenait une superficie de 100 à 120 arpents. Agnès Pottin transmit ce domaine à son unique héritier Aimé-Alexandre Saget né en 1703.

Plus tard, en 1705 la ferme du Petit Louvier, récemment marnée, fut prise à bail par Cosme Candas moyennant un fermage de 470 livres et 4 chapons vifs de faisance. La superficie atteignait 120 arpents environ.

La déclaration faite en 1716 au terrier de Saint-Cyr indique suffisamment que le Petit Louvier constituait à cette époque, au point de vue des bâtiments, une des plus belles fermes de la contrée. Elle comprenait maison, écuries, étables, bergeries sur lesquelles il y avait chambre et grenier, plus, granges, toits à porcs, poulailler, colombier, couverts en partie de tuiles et le reste en chaume, avec cour fermée de mur, porte cochère. On voyait encore à cette époque à l'extérieur des bâtiments et à l'intérieur de l'enclos attenant à la rue des Louviers les trous correspondant aux extractions de meulière faites au XVIIe siècle.

La superficie de cette ferme comprenait alors 120 arpents 23 perches divisés en 163 parcelles. Elle était chargée envers l'abbesse de Jouarre de 40 sols de cens et 40 sols de rente.

En 1716, le hameau des Louvières proprement dit comprenait quatre habitations, une masure et des bâtiments annexes. Leurs propriétaires avaient noms :

Pierre Lecoq, deux maisons.

Cosme Candas, une maison et une masure.

Marc Mion, une maison.

Pierre Lecoq seul habitait le hameau, de même Jacques et Louis Lot mais à titre de locataires. Ils étaient l'un et l'autre propriétaires d'un certain nombre de parcelles éparses autour des Louvières.

Ici comme à Gouin et en maints autres lieux la constitution d'une grande ferme au cours du XVIIe siècle eut pour conséquence de substituer aux anciens petits propriétaires vivant de leurs héritages une population besoigneuse de manouvriers agricoles. Sans doute sous bien des rapports le progrès de la grande cul ture au xvııᵉ siècle eut d'heureuses conséquences, mais faute d'être sagement reglé, il aboutit au dépeuplement des campagnes et à l'accumulation dans les villes d'un prolétariat qui trouve rarement dans les centres industriels les moyens d'existence qu'il espérait y rencontrer.

Vers 1730 la ferme du Petit Louvier passa à Aimé-Alexandre Saget qui exerça la profession d'architecte. En cette qualité il dressa le plan et dirigea les travaux du château de Venteuil. Plus tard il fut chargé par Anne-Léon de Montmorency, seigneur de la Brosse-Saint-Ouen, de dresser les plans et devis des constructions et embellissements que ce riche et fastueux seigneur fit exécuter pour transformer la Brosse en résidence princière.

Alexandre Saget qui, depuis 1737, se qualifiait de sieur des Louvières exécuta à n'en pas douter la transformation de la Brosse à la satisfaction de Mr de Montmorency, car celui-ci mit son château de Saint-Cyr, vacant par suite de la mort de Mme la Baronne de Ville à la disposition de son architecte. Des Louvières en effet, il vint occuper cette demeure et y séjourna jusqu'à sa mort arrivée en 1791.

Jusque vers 1770 Alexandre Saget avait habité son domaine des Louvières ; il en avait fait une résidence de bourgeois vivant noblement et un enclos adjacent à son habitation fut presque complètement transformé par lui en parc sillonné d'allées plantées d'arbres.

Le 19 février 1772, Anne-Alexandre Saget des Louvières conjointement avec Marie Vannier sa femme, vendirent à Jacques Guillaume Bolet et à Nicolle Drouet sa femme, la ferme des Louvières d'une contenance de 128 arpents moyennant la somme de 1,240 livres de rente, payables 1000 livres en argent et le surplus en 160 boisseaux de blé (mesure de la Ferté) rendus au domicile du vendeur.

Les bâtiments de cette ferme et un certain nombre de parcelles en dépendant passèrent en 1790 aux mains de François Masson. Depuis cette date les deux fermes des Louvières sont restées aux mains des héritiers Masson. Vers 1860, François Masson fit établir à une centaine de mètres à l'ouest du hameau une platrière dont l'exploitation est actuellement suspendue. Le puits par lequel s'opère l'extraction du gypse mesure 45 mètres de profondeur et l'épaisseur de la masse exploitable est de 5 mètres environ.

LES MONTGOUINS

Je comprends sous cette dénomination deux hameaux séparés par une courte distance et portant au moins depuis 3 siècles des dénominations différentes : le Petit Montgouin et le Grand Montgouin.

Dans le cartulaire de l'abbaye de Jouarre établi au XIIIe siècle ces deux groupes d'habitations se trouvent confondus sous la dénomination de : les Montgouins.

Il est dit en effet dans cette pièce (folio 56 recto) que les habitants de *Montgouin*, *Courcelles-la-Roe*, *Biercy*, *Roumenis*, qui ont des chevaux de trait sont taxés chacun 3 sous ce qui produit une redevance de 60 sous, et qu'à Montgouin et à Biercy il y a des hostises et des terres qui paient la coutume appelée *tansement* (droit de protection). Ce droit produisait annuellement 3 muids de grain et compensait les corvées de charrues. A la page suivante on voit que les chevaux de labour, sauf ceux des sergents dans les lieux ci-dessus cités, sont taxés chacun d'un bichet d'avoine au profit du doyen de Saint-Cyr.

Parmi les hostises qui devaient des redevances à l'abbaye de Jouarre le même cartulaire nous apprend (folio 47 verso) qu'il existait quatre de ces hostises sur la partie de la paroisse de Saint-Cyr dépendant de la dite abbaye, savoir les hostises Amiart, Gautier le Gui, Adam Maugier, et la Prévosté, lesquelles étaient chacune taxées à 4 setiers d'avoine.

Interprétant ce texte en parlant des Louvières, j'ai indiqué qu'à mon avis la situation de l'hostise Gautier le Gui correspondait au hameau du Petit Montgouin parce que là, en effet, le texte de l'ancien terrier mentionne positivement l'existence des lieux dits la maison Gautier, la cour Gautier et le pré Gautier, lesquels étaient situés dans le voisinage du chemin de Busserolles c'est-à-dire à une faible distance au nord des dernières maisons du Petit Montgouin.

J'ajouterai que les habitations de laboureur établies au XIIIe siècle entre la maison Gautier et le grand chemin de Rebais formèrent un hameau qui fut appelé au XVIe siècle Montgouin-le-Roy et vers 1680 le Petit Montgouin.

Avant d'indiquer l'origine de cette dénomination de Montgouin-le-Roy je citerai un bail de la dîme des Montgouins en date de 1550 (Archives de Seine-et-Marne) lequel nous apprend que le dîmage ainsi dénommé comprenait outre nos deux hameaux celui des Louvières et s'étendait vers le nord du grand chemin de Rebais jusqu'au bois qui alors comme aujourd'hui, couvrait le bas du coteau. Le loyer de cette dîme s'élevait à 7 muids 4 setiers de grain. De cette donnée on peut induire que la surface cultivée annuellement en blé et en avoine était approximativement de 400 arpents dont le tiers en jachère.

Je sais encore, par d'autres actes, que des marnières existaient déjà sur ce territoire à la même époque et que la limite des bois se trouvait plus rapprochée des hameaux qu'elle ne l'est aujourd'hui.

En 1556 le fermier de ce dîmage avait nom Jacques Tercestre; il était fermier des défauts et exploits de Mesdames de Jouarre.

On peut affirmer que l'habitation actuelle du fermier de la ferme du Petit Montgouin, en raison de la tourelle qui flanque la façade principale et de ses dispositions intérieures, fut établie vers le milieu du XVIe siècle pour servir de demeure, sinon à un membre de la noblesse, du moins à un riche bourgeois. Cette conjecture se trouve confirmée par l'anecdote suivante que rapporte Toussaint Duplessis (Histoire de l'église de Meaux) : Le 26 septembre 1589 le chevalier de Tury chef des ligueurs de Meaux surprit aux Montgouins 11 hommes et 14 chevaux commandés par le capitaine Chabouiller, du parti du roi, tandis que ce capitaine soupait à Jouarre avec sa femme et ses enfants chez un de ses amis. C'est à cet incident de guerre qu'il nous paraît convenable d'attribuer la dénomination de Montgouin-le-Roy que porta ce hameau depuis le règne de Henri IV jusque vers 1650.

Vers la même époque le hameau appelé aujourd'hui le Grand Montgouin prit le nom de *Montgouin-Brochard* qu'il garda pendant la majeure partie du XVIIe siècle. L'expression complémentaire *Brochard* ne figure plus sur certains titres du XVIIIe siècle et elle se trouve remplacée uniformément par l'expression Grand Montgouin.

L'infériorité de la population du Montgouin-le-Roy par rapport au Montgouin-Brochard, tenait en majeure partie à deux causes; d'une part, la construction d'une grande exploitation agricole au Montgouin-le-Roy qui s'effectua au moyen de réunions successives de petites parcelles acquises progressivement des petits propriétaires du lieu entre les années 1560 et 1650; d'autre part, durant le même laps de temps, les petits propriétaires du Montgouin-Brochard ne se trouvant pas entravés dans leur développement normal par les progrès de la grande culture, le nombre des habitations put s'accroître parallèlement au développement régulier de la population. Nous verrons en effet que l'établissement de la grande culture au Montgouin-Brochard date seulement des premières années du XVIIIe siècle et si, malgré cette circonstance, la population de ce lieu s'est néanmoins élevée progressivement, cet accroissement s'explique par l'établissement successif dans ce hameau de platrières permettant l'emploi des bras que l'agriculture ne saurait occuper toute l'année.

Du reste au XVIIIe siècle l'extraction du plâtre fut également pratiquée à peu de distance au nord du Petit Montgouin, mais cette industrie fut abandonnée vers 1840.

En 1590 les habitations et les terres annexés à la ferme du Petit Montgouin appartenaient à un sieur de Saint-Maur et le fermier Noël Guyot devait faire valoir le domaine. Noël Guyot conjointement avec Jean Faret s'étaient rendus en 1591 adjudicataires de la dîme des Montgouins moyennant 4 muids pour la première année (2/3 blé et 1/3 avoine) et pour les deux années suivantes 4 muids 6 setiers. Ce chiffre comparé au loyer de l'année 1550 nous révèle combien les troubles de la Ligue furent nuisibles à la prospérité de l'agriculture.

Des mains du sieur de Saint-Maur le domaine de Montgouin-le-Roy passa en celles de la famille des sieurs Delabarre Martigny qui en restèrent détenteurs jusque vers 1750. (1).

Messire François Delabarre Martigny demeurant en sa maison de Saint-Germain-lès-Couilly déclara en 1716 au terrier de la seigneurie de Saint-Cyr, tant en son nom qu'en celui de ses enfants mineurs et au nom de Gabriel Moussot son beau-frère, être propriétaire par indivis de la ferme du Petit Montgouin consistant en :

« Un corps de logis chambres et grenier au-dessus, escalier « hors-d'œuvre, formant tournelle, et un fournil attenant, écurie, « étable et bergerie, grange, hangard contenant en tout 10 tra- « vées couvertes de tuiles à l'exception du hangard, cour au « milieu, un puits dans la cour, toits à porcs, une tourelle au

(1) Le château de Martigny est situé près de Couilly, (canton de Crécy).

« coin de la maison, une grande porte cochère, cour, jardin etc.
« contenant en tout 3 arpents 85 perches compris l'ormoye de
« vant la porte de l'allée au bout de l'enclos, plus en 119 par-
« celles de terres, prés et bois d'une contenance de 120 arpents
« 65 perches chargés de 11 sols 7 deniers et de partie des rentes
« foncières de Gouin, du Margat, du champ Noiret et du champ
« Massiot, plus sur la censive de Jouarre 9 parcelles de terre et
« bois contenant 11 arpents 1/4 chargés de 3 sols 9 deniers. »

Cette ferme fut possédée en 1775 par Ambroise Bourdin puis en 1781 par Nicolas Salmon. Sa contenance à cette dernière date était :

1° Sur la seigneurie de Saint-Cyr (mesure de 18 pieds 4 pouces).

Ferme proprement dite :

Bâtiments et enclos....	4 arpents	33 perches	9 pieds.
Terres labourables.....	80 arpents	56 perches	21 pieds.
Prés..................	10 arpents	06 perches	
Bois..................	2 arpents	49 perches	13 pieds.

2° Sur la seigneurie de Mauroy (mesure de 20 pieds)

Terres labourables.......	1 arpent.	21 perches 3/4
Prés......................		41 perches 1/2
Bois......................		18 perches

Nicolas Salmon eut pour successeur M. Constant Regnard baron de Lagny. D'après le mesurage exécuté en 1833 à la requête de M. Adeodat Regnard de Lagny, fils du précédent, la contenance de cette ferme se trouvait être de 182 arpents 17 perches 6/10 où 64 hectares 60 ares 98 centiares.

J'ai recueilli les noms suivants parmi les possesseurs d'habitations au hameau du Petit Montgouin durant le cours des XVIe et XVIIe siècles : Jacques Dage, Henri Dage et Louis Delorme. Leurs habitations étaient couvertes de chaume et ils cultivaient un nombre restreint de petites parcelles. Ces noms figurent dans le terrier de 1602 qui fait mention également des bâtiments de la cour Gauthier. Les habitations du hameau se trouvaient comme aujourd'hui situées de chaque côté du chemin. Leur nombre paraît avoir été de 4 ou 5 au plus. Toutes étaient pourvues de bâtiments accessoires et une seule contenait 9 bouges ou travées.

D'après ce même terrier les propriétaires du dit hameau portaient en 1715, les noms suivants :

1° Nicolas Leclerc qui possédait outre la maison qu'il habitait 37 arpents 1/4 de terre en 72 parcelles chargées de 12 sols 5 deniers.

2° Nicolas Bois, demeurant à Vorpillières qui était possesseur d'une maison et de 12 arpents 75 perches en 27 parcelles chargées de 4 sols 3 deniers de cens.

3° Denys Savry, habitant sa maison et qui possédait en outre 11 arpents en 14 parcelles chargées de 3 sols 8 deniers.

4° Jacques Bigaut, demeurant à Sept-Sorts et qui possédait 1 arpent de terre en 5 parcelles plus une maison habitée par le sieur Brulefert lequel possédait en propre au dit lieu 3 arpents 75 perches en 13 parcelles.

En ce qui concerne le Grand Montgouin, dénommé dans les titres jusqu'en 1660 le Montgouin-Brochard, les renseignements que j'ai obtenus se resument comme suit.

En 1602, Noël Guyot, propriétaire, demeurant en ce lieu y possédait et cultivait 72 arpents de terre, près et vignes. Sa petite ferme paraît avoir été le noyau, qui, accru par les acquisitions des Denis et des Nicolas Salmon fut l'origine des fermes actuelles du Grand Montgouin. Les Salmon étaient et restèrent des laboureurs de profession jusqu'au début de notre siècle.

Le progrès de la culture dans ce hameau comme sur toute l'étendue du dîmage des Montgouins est facile à constater si l'on considère qu'en 1668 ce dîmage était loué à raison de 8 muids 8 setiers 4 boisseaux de grain (2/3 blé 1/3 avoine) plus 200 gerbées et 1/2 cent de fouarres (ou feurres), tandis qu'en 1550 ce même dîmage, dont la superficie n'avait pas varié avait été donné a bail moyennant 7 muids 4 setiers. Cette situation fut exceptionnelle car la période de 1550 à 1668 fut deux fois troublée, d'abord à l'époque de la Ligue ensuite à celle de la Fronde.

Le terrier de 1715 m'a fourni les renseignements suivants :

1° Denis Salmon, possédait deux habitations distinctes pourvues chacune de bâtiments d'exploitation, plus 73 arpents 1/4 en 166 parcelles chargées de 24 sols 5 deniers. La faible étendue relative de chaque parcelle indique bien qu'il s'agit là, de la réunion progressive, de petits lopins de terre lentement accumulés soit par voie d'héritage soit par voie d'acquisition sur de petits tenanciers.

2° Nicolas Salmon ne paraît pas avoir été possesseur de maison et bâtiments. Il detenait 69 arpents 1/2 en 126 parcelles chargés de 23 sols 2 deniers de cens et de partie de la rente des Vieux Près.

3° Marc Mion était détenteur d'une maison et bâtiment et de

9 arpents 1/4 en 18 parcelles chargés de 3 sols 1 denier de cens.

4° Pierre Cherrier, en dehors de son habitation, était propriétaire de 6 arpents d'héritages en 15 parcelles chargés de 2 sols de cens et d'une partie de la rente de Gouin.

Les fermes des Salmon étaient passées entre les mains de leurs héritiers en 1771. L'un d'eux, Nicolas Salmon, possédait une ferme au Petit Montgouin dont le fermier Antoine Pascal cultivait 70 arpents lequel de ce chef acquittait un loyer de 530 livres et devait au roi à titre de taille 108 livres 15 sols. L'autre ferme était possédée à la même date par Mme veuve Salmon. Son fermier Germain Parnot tenait de cette dame, ainsi que d'autres propriétaires, 64 arpents pour lesquels il payait une redevance de 450 livres et une taille royale de 92 livres 10 sols.

Catherine Salmon, héritière des Salmon, fit bail le 26 floréal an VI à J.-P. Paris, son beau frère, de la ferme et des 55 arpents qu'elle possédait au Grand Montgouin moyennant une rente viagère de 1000 livres au capital de 20.000 livres.

Avec ces différents renseignements j'ai pu dresser le tableau ci-après qui permet de comparer les prix d'achat de la terre aux environs des Montgouins au cours du XVIIIe sècle.

Dates	Noms des acquéreurs	Superficie achetée		Prix d'achat	Prix de l'arpent		Prix du loyer
		arpents	perches	en livres	livres	sous	livres
1726	Denis Salmon..	2	50	300	120	»	
1743	Pierre Masson..	1	10	120	109	2	
1761	Pierre Masson..	3	20	321	100	»	
1773	Pierre Masson..	6	69 1/2	1555	232	8	
1761	Pierre Masson prend à bail	10 arpents					60 livres

ARCHET

Ce hameau tire son nom des deux ponceaux, arches ou archets au moyen desquels, comme je l'ai dit précédemment, deux voies antiques franchissaient le Petit Morin qui, en cet endroit, se divisait alors en deux branches et formait un îlot.

Dans cet îlot les abbesses de Jouarre firent établir au XIIe siècle un moulin destiné à satisfaire les besoins de la population du village de St-Cyr et des petites localités voisines dont elles étaient seigneurs. Cette usine, en raison du voisinage des deux ponceaux, reçut la dénomination de moulin des *Archets*, expression qui fut étendue au petit groupe de population situé sur la rive droite de la rivière. Avec le temps l'expression toponymique les *Archets* se simplifia et au XVIe siècle l'ensemble du groupe portait le nom d'*Archet*.

Bien que je ne sache pas qu'il ait été rencontré à Archet des vestiges datant d'une époque antérieure au Xe siècle, il est probable néanmoins, qu'en raison de son voisinage de la voie romaine, ce lieu fut habité et ses abords cultivés, à une époque fort ancienne, ainsi que le témoignent les nombreux *murgés* ou dépôts de pierres que l'on rencontre encore aujourd'hui au flanc du coteau, là où la culture de la vigne eut naguère une grande extension.

Les habitations construites à cette époque étaient généralement protégées par une enceinte, soit de haies vives soit de pierres, contre les agressions nocturnes des malfaiteurs et des animaux carnassiers. Ces enceintes protectrices, renfermant les habitations, les étables, les bestiaux et les remises des produits agricoles, constituaient un ensemble appelé cour, comprenant fréquemment plusieurs logis occupés par les membres d'une même famille. Il existe encore à Archet deux de ces cours.

Dès le XVe siècle le hameau d'Archet, successivement agrandi, occupait à peu de chose près l'étendue que nous lui voyons aujourd'hui, et peut-être même était-il plus peuplé, car alors les familles étaient généralement plus nombreuses qu'à notre époque.

Lorsque les factions d'Armagnac et de Bourgogne se disputaient la prépondérance politique, et, sous prétexte du bien public, rançonnaient les campagnes autour de Paris et principalement les environs de Meaux (1418-1423), le hameau d'Archet paraît avoir été le théâtre d'une lutte sanglante, entre les habitants du lieu et un petit groupe de maraudeurs du parti d'Armagnac vulgairement appelés *Arminas* ou *Arminacs*.

En effet, vers 1865 en fouillant le sol à l'extrémité Est du hameau pour en extraire des sables, utilisables dans la construction de nouveaux vannages du moulin et du pont desservant le nouveau chemin vicinal, les terrassiers rencontrèrent à 1 mètre environ de la surface du sol plusieurs squelettes humains, irrégulièrement et hâtivement enfouis, ce qui ne permet pas de supposer que ces sépultures représentaient un cimetière chrétien. D'autre part la résistance des ossements mis à jour était une preuve certaine, qu'ils ne provenaient pas d'individus inhumés antérieurement à l'époque mérovingienne.

Une autre découverte, faite quelques jours plus tard au même lieu, permit d'expliquer la présence insolite de squelettes en cet endroit. En creusant dans l'épaisse couche de sable, les ouvriers mirent à jour une construction en pierre meulière, cimentée avec de l'argile délayée, représentant une sorte de cave voutée mesurant 6 mètres de longueur sur 1 mètre 60 environ de largeur. Aucun objet soit en poterie soit en autre matière ne fut rencontré dans ce souterrain vouté, distant de quelques mètres à peine de la dernière maison du hameau.

De la situation et de la disposition de ce réduit, il était naturel de conclure, qu'il représentait une de ces cachettes où, à l'époque des guerres du XV° siècle, les habitants de la campagne resserraient les objets les plus précieux pour les soustraire à la rapacité des gens de guerre de l'un et de l'autre parti.

De cette coïncidence de la découverte de squelettes et d'une cachette en un même lieu, on est porté à conjecturer que le secret de la cachette ayant été mal gardé, d'avides maraudeurs Armagnacs se mirent en devoir de s'approprier le contenu de cette cachette et que d'autre part les paysans, intéressés à la conservation de leur bien, se réunirent pour s'opposer par la force aux desseins des spoliateurs. On en vint aux mains et dans l'acharnement de la lutte, quelques uns des combattants succombèrent et furent inhumés sur place. De l'examen des crânes mis à jour par les fouilles précitées, il résulte que parmi les combattants se trouvaient des vieillards des jeunes gens ayant à peine vingt ans, des hommes dans la force de l'âge et une femme reconnaissable à la forme de certains ossements. Je reviendrai sur ce sujet au chapitre suivant.

Les actes venus entre mes mains m'ont permis d'établir les faits suivants :

Haullet meunier sortant de Chavigny prit à bail en 1547 le moulin d'Archet et ses dépendances, lesquelles consistaient alors en batiments plus 2 arpents 32 perches de pré et comprenaient aussi les trois îles avoisinantes (Archives de Seine-et-Marne).

Françoise Guillart, grande prieure de l'abbaye de Jouarre, agissant au nom de l'abbesse, Jeanne de Bourbon, fit bail du moulin d'Archet, à Augustin de Picquigny meunier au Gouffre. Ce bail comprenait les « *moulant, virant et travaillant les vannes, vannage, chaussée, manoir et bâtiments* » plus 3 îles, formées par le Morin en cet endroit, d'une contenance de 33 perches, plus 2 arpents 32 perches de pré planté de saules sis sur la riv^ gauche de la rivière à proximité du dit moulin. Ce bail fut consenti pour 9 années moyennant un fermage en « *grain de monture* » de 2 muids 9 setiers livrables en six termes égaux, de deux mois en deux mois; en outre Augustin de Picquigny avait accepté les charges suivantes : résidence obligatoire au moulin pendant la durée du bail, obligation pour le preneur et sa famille de vivre catholiquement selon les principes de l'*église catholique, apostolique et romaine*, effectuer les réparations nécessaires et rendre en bon et suffisant état le manoir et les bâtiments.

Le preneur avait la faculté de jouir du droit de *chasse monnée*, dans les divers villages dépendant de la seigneurie ecclésiastique de St-Cyr et, il ne devait souffrir qu'aucun meunier étranger ne vint chasser sur cette seigneurie. Ce droit de *chasse monnée* consistait à aller recueillir le blé des particuliers pour le moudre. Le preneur devait encore bien servir et moudre le grain des sujets de l'abbaye, de telle sorte qu'aucune plainte ne puisse être faite à cet égard. (Acte du secrétariat de l'abbaye).

Jean Letrou, huillier demeurant à Archet, obtint de Messire Fleury de Culant, seigneur de St-Cyr, l'autorisation d'établir en 1637, un moulin à huile sur la rivière du Morin à une faible distance du moulin a blé de St-Cyr, moyennant une rente annuelle de 20 livres. A cette époque, et jusqu'au début de ce siècle, les paysans se servaient d'huile de noix pour éclairer leur demeure, et les noyers étaient nombreux sur l'une et l'autre rive du Morin.

Vers 1715, le meunier d'Archet, Bourgeois, et le meunier du

Gouffre, Houdin, se concertèrent pour attaquer divers marchands exploiteurs de coupes de bois des environs de Montmirail. Ces bois étaient destinés à l'approvisionnement de Paris. Les meuniers se plaignaient du dommage causé à leurs moulins, par les bois que les marchands lançaient à *buche perdue* dans la rivière du Morin qui les charriait ainsi jusqu'à la Marne où on les recueillait, pour les empiler sur le port de Fay (Fay-le-bac). Les demandeurs requeraient que les marchands fussent obligés de préposer des gardes à la conduite de ces marchandises, en vue de les diriger et de prévenir les avaries causées à leurs moulins. (Minutes Lainé).

Le moulin d'Archet, appartenant en 1715 à l'abbaye de Jouarre, consistait en manoir, moulin banal, bâtiment, fausses vannes, cours d'eau, plus 3 îles plantées de saules contenant ensemble 50 perches, plus 55 perches de pré et 2 arpents 50 perches de pré et de chenevière. Le même terrier mentionne que :

1° Jacques Geoffroy demeurant à Archet y possédait une maison avec étable et cellier tenant à la cour commune ; plus aux environs du hameau 2 arpents, en 8 parcelles, chargés de huit deniers de cens.

2° Claude Candas, demeurant au dit lieu, possédait une maison avec cuisine et grenier couverture en tuile tenant à la cour commune et à Geoffroy ; plus aux environs 10 parcelles contenant ensemble 1 arpent 75 perches chargés de 7 deniers de cens.

3° Pierre Gayé habitait le hameau mais n'y possédait pas de maison. Il était propriétaire de 30 parcelles contenant ensemble 9 arpents chargés de 3 sols de cens.

4° Nicolas Ramier possédait à Archet, où il demeurait, une maison avec chambre et grenier couverte de chaume tenant à Antoine Couvreur à la rue et à la rivière, plus 2 bouges de logis, cuisine, grenier dessus et étable ; plus 11 parcelles contenant ensemble un arpent chargé de 4 deniers de cens.

5° Pierre et Nicolas Paris demeurant à Bois-Baudry possédaient à Archet deux bouges de logis couverts de chaume servant de cellier ; plus 14 parcelles contenant ensemble 1 arpent 25 perches; cens : 5 deniers.

6° Claude Noël demeurant à Archet y possédait 2 bouges de logis, l'un servant de maison, l'autre de cellier et étable, couverts en tuile, tenant à Pierre Gayé et à Denis Salmon, plus 8 parcelles contenant 1 arpent 25 perches ; cens : 5 deniers.

7° Jacques Pinard et sa fille, demeurant à Glairet, possédaient

2 bouges de logis et grange couverts en tuile, tenant à Camus et à la cour commune,

Je ferai remarquer qu'à cette époque le sol, environnant le hameau, était plus divisé qu'il ne l'est aujourd'hui et que la plupart des habitants possédaient des vignes, des prés, des terres et du bois, ce qui confirme que la grande division du sol date de la fin du moyen âge et non de la Révolution Française comme certains auteurs le prétendent.

Le meunier d'Archet avait nom Jean Bruslé, en 1771 ; le moulin avec ses dépendances était loué 300 livres et le locataire était chargé de 61 livres 10 sols de contribution au profit du trésor royal (Archives de Seine-et-Marne).

En vertu des décrets de l'Assemblée Constituante déclarant les biens des abbayes propriété nationale, le moulin d'Archet fut vendu au profit de l'Etat en septembre 1791 à Pierre Étienne Grandin moyennrnt 10,000 livres. L'acquéreur était meunier du dit moulin qu'il tenait à bail de l'abbaye depuis 1782. (Archives de Melun).

Le 3 novembre 1791 les administrateurs du district de Rozoy adjugèrent à Bernard Garmigny jardinier demeurant à Chavigny, pour et au nom de Louis Antoine Pierre de Chavigny, moyennant 365 livres, l'ancien pressoir banal d'Archet garni de ses tournants et travaillants, y compris 2 perches de terrain avoisinant le dit pressoir. Cet achat par M. de Chavigny doit être considéré comme un acte d'implicite adhésion au décret de la Constituante et comme un témoignage au moins apparent de son civisme. (Archives de Melun).

Le meunier Grandin, qui transformait les blés destinés a l'approvisionnement de Paris, fut accusé le 10 novembre 1792 de détourner une partie de ces blés de concert avec les accapareurs. L'émotion fut grande parmi les pauvres gens de Saint-Cyr tout disposés à croire à la culpabilité du meunier. Grâce à l'intervention de la municipalité de la Ferté, il fut prouvé que les blés saisis sur Grandin étaient destinés à l'approvisionnement de Paris et la saisie fut levée (Registre de la Municipalité de Saint-Cyr.)

Depuis la Révolution jusqu'en 1864, les acquéreurs successifs de ce moulin se préoccupèrent peu de perfectionner l'outillage de cette usine. Toutefois en 1864 le propriétaire Balzard n'hésita pas à effecter des modifications importantes. Ces améliorations malgré tout insuffisantes ne donnérent que des résultats négatifs; d'autre part depuis l'introduction de la mouture par cylindre cette industrie a été absorbée par les grandes usines; les moulins de faible importance ont dû s'arrêter et celui d'Archet a cessé de tourner depuis 1880 environ.

Vers 1866 Archet fut relié à Saint-Cyr et à Biercy par un chemin vicinal. Cette opération nécessita la construction d'un pont sur le Morin à 150 mètres environ en amont des anciens ponceaux et le bras de la rivière longeant la rive gauche fut comblé, de sorte que l'ancien moulin ne se trouve plus dans une île.

LES ARMÉNAS

Cette localité qui consiste dans quatre habitations et dans quelques bâtiments est située au flanc du côteau de la rive gauche du Morin à une distance de 400 mètres environ au nord d'Archet.

Autrefois on n'accédait à ce hameau que par des sentiers étroits et rapides. Aussi l'amendement et le labourage des champs s'opéraient-ils avec une extrême difficulté mais, par contre, le vignoble était florissant et les produits de la terre de qualité supérieure. Malgré ces avantages spéciaux la population de cette localité ne s'est pas accrue, par suite de l'insuffisance et de l'escarpement des sentiers qui y conduisaient.

Depuis une vingtaine d'années seulement un chemin praticable aux voitures dessert les Arménas, et les champs avoisinants.

Ce hameau possède un petit ruisseau aux eaux limpides et pures prenant sa source à la limite des glaises vertes. L'eau de ce ruisseau ingénuieusement utilisée par les habitants forme une sorte de fontaine ayant, prétend-on, des vertus curatives ou préservatives de diverses affections de l'estomac. En fait, quoique n'étant pas sous l'invocation d'un saint plus ou moins célèbre, la fontaine des Armenas jouit d'une certaine célèbrité parmi les paysans des alentours et le très sympathique docteur Donon, (1) lui-même, en faisait un usage quotidien.

---

(1) Le docteur Donon est mort à Saint-Cyr en Février 1886, après avoir exercé sa profession, dans cette commune, pendant 34 ans. D'une grande modestie et d'un dévouement sans borne pour ses concitoyens, son nom restera toujours gravé dans le souvenir des habitants de Saint-Cyr.

Entre les années 1418 et 1422 : un groupe d'aventuriers du parti Armagnac vint s'établir de gré ou de force en cet endroit. De là ces hommes armés et indisciplinés purent, selon les mœurs militaires du temps, terroriser et rançonner, les habitants des hameaux du voisinage. Ces factieux, dont Bernard d'Armagnac était le chef, avaient pour adversaires d'autres factieux sous les ordres de Jean Sans-Peur duc de Bourgogne. Chassés de Paris ils infestaient les campagnes de la Brie et la ville de Meaux était en leur pouvoir. Dans le français de cette époque là, on appelait les gens de ce parti tantôt les Arminacs, tantôt les Arminas. Ils cessèrent de terroriser les campagnes le jour où ils devinrent les fidèles défenseurs du roi Charles VII et lorsqu'ils coopérerent, sous les ordres de Jeanne d'Arc, à l'expulsion des Anglais du royaume de France,

C'est aux Armagnac ou *Arminas*, occupant nôtre hameau, qu'il convient d'attribuer la spoliation par la force de la cachette d'Archet dont j'ai parlé au chapitre précédent et, ce serait en raison de cet acte de brutalité et de vol, que le lieu servant de repaire aux auteurs de ce méfait aurait été dénommé les *Arminacs* ou les *Arminas*.

Avec le temps, le souvenir du vol à main armée de la cachette d'Archet et la lutte suivie de mort qu'il y eut en cette occasion s'effaça de la mémoire des habitants de la localité, mais le nom caractéristique d'*Arminas* fut conservé jusque vers la fin du XVIIIe siècle. L'on commença à écrire les *Arménas* vers 1800; on prononça et on écrivit même quelquefois les *Almenats*.

D'après le terrier de l'abbaye de Jouarre, seigneur du lieu, le hameau des Arminas en 1716, consistait en trois habitations occupées par leurs propriétaires, dont les noms suivent :

1° Jean Beloy qui possédait une maison avec étable, grange et jardin attenant, plus 11 parcelles contenant ensemble 1 arpent 29 perches dont 80 perches en vigne.

2° Jacques Noël qui possédait une petite maison et une étable servant de cellier, le tout couvert de chaume, tenant au précédent, plus un petit jardin de 9 perches, plus 64 perches 1/2 de vigne en 6 parcelles, plus 5 perches de pré et 16 perches de bois en deux pièces.

3° Pierre Picard qui possédait deux bouges de logis consistant en cuisine, chambre et grenier dessus, couverts de tuiles, avec 6 quartiers de jardin, clos et bois tenant à Beloy, plus 3 arpents 68 perches de vigne, bois et savart formant 18 parcelles dont 2 arpents 68 perches environ en vigne, plus 1 arpent 81 perches de friche en 1 parcelle, et 1 arpent 6 perches de terrain en 3 parcelles.

Ces trois habitations et leurs dépendances occupaient une cour commune à laquelle on parvenait par des sentiers d'un difficile accès.

LA MÉRESSE

Cette localité est située à 800 mètres environ au nord des Armenas. Elle est placée à la limite inférieure du terrain de l'argile à meulière et les champs qui l'environnent, sauf au sud, sont accessibles à la charrue. Deux habitations pourvues chacune d'écurie, grange et étable, le tout desservi par une cour commune constitue ce hameau. Originairement, c'est à dire vers le début du XVIe siècle, ce lieu avait nom : *la maison du Guet de la Nouette,* dénomination résultant de sa proximité relative d'une mare, noue ou gué, servant à l'abreuvage des bestiaux. Au dessous de cette mare se trouvait un champ de vigne appelé les *Mocques-Bouteilles*, lequel occupait une certaine étendue sur le coteau et avait la réputation de produire de bon vin.

La maison du *Guet de la Nouette* était habitée vers 1560 par Nicolas Leguay, son propriétaire.

En 1586 il existait au Guet de la Nouette 2 habitations et plusieurs bâtiments couverts de chaume avec étable et grenier, le tout desservi par une cour commune. De ces habitations dependaient 50 perches de jardin et aisance, plus 21 perches de terre tenant aux usages. Le tout était chargé de 45 sols de rente au profit de Pierre Houllier, licencier ès-loi, avocat en Parlement et bailly de la Ferté-au-Col (Minutes Laisné).

Ces deux habitations appartenaient l'une à Jean Bailly, demeurant aux Hameaux, paroisse de Bussières et l'autre à Jean Mérestre, demeurant à Courcelles-la-Roue. Un des fils de Jean Mérestre habita la maison du *Guet de la Nouette ;* on commença dès lors à la désigner sous le nom de Maison Mérestre. La prononciation de ce nom propre s'altéra, Mérestre se transforma en *Mereste* puis en *Merèsse*. Certains prétendirent même que le nom de ce lieu devait s'écrire *Mairesse*, parce que la femme d'un maire de Saint-Cyr y avait résidé comme propriétaire. Mais nous ne nous arrêterons pas à cette invention qui n'est défendable a aucun titre. Cependant c'est de cette dernière manière que le nom de cette localité est orthographié sur les cartes modernes qui nous ont servi à dresser le plan de la commune de St-Cyr joint à cette notice.

BIERCY

Au début de mon étude, j'ai indiqué parmi les progrès de différentes natures dont profita largement le territoire de Saint-Cyr, la construction vers le IVe ou le Ve siècle de notre ère, d'une voie empierrée desservant sur un long parcours la rive droite du Petit Morin ; j'ai particulièrement indiqué qu'une grande *villa* ou plus exactement une *villa urbana* avait été établie antérieurement à l'époque franque à une faible distance de cette voie empierrée.

L'un des propriétaires du champ des Mureaux près Champeaux ayant informé mon père, qu'il existait dans son terrain et à 40 centimètres de la surface du sol, des débris de construction ancienne, tels que tuiles, fragment de dallage portant des traces de dessin ; mon père se détermina à effectuer une fouille en ce lieu. Nous pensions en effet que le renseignement qui nous était donné devait être pris en considération, car les Mureaux pouvaient être une dérivation de *Muralia* et nous étions en droit de croire à l'existence d'une construction antique de quelque importance.

Après avoir fait enlever un certain nombre de mètres cubes de gravois, où dominaient les tuiles à rebords et les imbrex, les terrassiers rencontrèrent le carrelage parfaitement conservé d'une partie d'un local mesurant 4 mètres environ de l'est à l'ouest et 8 à 9 mètres du sud au nord. Le carrelage se composait de moyennes briques carrées réposant sur un mortier de chaux parfaitement conservé. Il n'existait aucun débris de poterie, vase ou autre pièce pouvant indiquer par leur présence que l'édifice était habité lors de sa destruction. Les murailles limitant à l'est et à l'ouest la pièce du rez de chaussée, mise en partie à découvert, étaient d'un travail très soigné. Les pierres meulières employées pour la construction avaient été en quelque sorte échantillonnées. Un mince lit de chaux garni de petites pierrailles séparait chaque couche de silex calcaire. Ces deux parties de mur parfaitement conservées mesuraient chacune 0^m50 d'épaisseur et elles ne pénétraient guère dans le sol au delà de 0^m40. A l'intérieur, ces deux murailles étaient revêtues de deux couches de ciment formant ensemble une épaisseur de trois centimètres. La seconde couche, parfaitement lisse, portait l'empreinte encore très visible de losanges dont chaque rangée était d'une couleur différente : blanc, jaunâtre, rouge foncé, vert, gris ou violet. Ces losanges se prolongeaient jusqu'au carrelage de la pièce.

Quelques années avant que fut entrepris la fouille du champ des Mureaux, un habitant de Biercy en enlevant des décombres de son jardin, situé près de la fontaine, mit à découvert des fragments de tuiles à rebord, d'imbrex et de poterie ; il trouva également deux petits bronzes, l'un à l'effigie d'Adrien l'autre à l'effigie de Posthume.

Il est à présumer qu'à Champeaux ainsi qu'aux environs on pourra découvrir des débris de l'époque romaine.

Bien que les documents écrits fassent défaut, on ne peut se refuser à admettre, que la majeure partie de la population groupée aux abords de la villa gallo-romaine, survécut aux dévastations et aux perturbations de toutes natures, qui résultèrent de l'occupation de la contrée par les Francs de Clovis et de ses successeurs (486-550). Dès que le péril fut passé ou amoindri, les gallo-romains survivants restaurèrent leurs habitations, ou en construisirent de nouvelles à proximité des champs qu'ils avaient cultivés naguère, soit comme colons soit comme tributaires du grand propriétaire de la *villa urbana*.

C'est ainsi qu'avant la fin du VIe siècle un groupe de population se trouva établi sur une partie tout au moins de l'emplacement occupé par le hameau actuel de Biercy. En ce point d'ailleurs, en raison des travaux exécutés par les générations antérieures, le sol se trouvait bien préparé et pouvait fournir sans de trop grands efforts aux cultivateurs les céréales nécessaires à leur alimentation. D'autre part, la lande ou larret avoisinant cette localité étant une propriété commune, les habitants pouvaient entretenir un bétail rélativement nombreux. Ce hameau présentait donc aux cultivateurs des avantages très appréciables.

Le guerrier franc, possesseur bénéficiaire de la contrée, ne devait pas faire obstacle à cette jouissance en commun du pâturage de la lande voisine, car cet usage était conforme aux coutumes de son pays d'origine.

Le développement de cette lande, dont les groupes d'habitations limitrophes avaient la jouissance commune, occupait une superficie considérable représentée encore aujourd'hui par les friches de Courcelles Vanry, Biercy, Mouthome. Les riverains y faisaient paître leurs bestiaux et y trouvaient le bois qui leur était nécessaire. Sur la friche voisine de Vanry des monuments religieux, dolmens, menhirs, paraissent avoir existé (1).

Lorsqu'au VIIe siècle Adon le fondateur de l'abbaye de Jouarre eut transmis à ce grand établissement religieux le vaste domaine qu'il tenait de son père et de la libéralité du roi, les habitants de Champeaux et de Biercy continuèrent comme antérieurement à jouir jusqu'à la fin du XVe siècle d'une partie de la vaste friche couronnant le coteau voisin de leurs demeures.

Il est probable que la population de Biercy et de Champeaux ne se composait pas exclusivement de simples roturiers, tant à la fin du XIIe siècle qu'au cours du XIIIe siècle et que, parmi elle, quelques personnages commençaient à entrer dans les rangs des vassaux des comtes de Champagne.

Ainsi, par exemple, Auguste Longnon, cite parmi les vassaux devant la garde au château de Meaux, Jean de Champeaux et Jean de Verdelot lesquels devaient chacun 6 mois de garde, en raison des revenus en avoine qu'ils possédaient à Saint-Jean et à Ussy (1180 environ). On trouve dans le rôle des fiefs (vers 1250) Jean de Biercy qui devait hommage lige au château de Coulommiers pour des biens qu'il possédait à Montanglaut et pour ses diverses propriétés situées dans la forêt du Mans.

Au cours du XIIIe siècle, les habitants de Biercy et de Monthomé n'étaient encore chargés envers l'abbaye d'aucune redevance pour la jouissance de leur pâturage commun, mais sous tous les autres rapports, ils étaient redevables pour chaque parcelle de terre, pré et bois dont ils jouissaient à titre particulier d'un cens fixé alors à 3 deniers l'arpent, plus la dîme équivalant à la 13e gerbe de la récolte où à la 13e partie de la récolte d'un champ.

En dehors de ces deux contributions forcées, le cartulaire

---

(1) Notice sur Jouarre et ses environs, (Le Blondel, libraire, à Meaux).

de l'abbaye de Jouarre, établi vers 1277 (1), mentionne les prélèvements annuels faits sur le revenu des biens cultivés par les habitants de Biercy.

1° Chaque habitant possédant un cheval de trait devait de ce chef acquitter 3 sous Les chevaux des sergents étaient exempts d'un tel droit. Ce prélèvement était ordonné dans tous les hameaux relevant de l'abbaye. Il n'est pas fait mention d'un impôt analogue sur les ânes qui probablement devaient être nombreux à Biercy En les exemptant, on rendait le plus grand service à la petite culture.

2° Certaines terres à Biercy et autres lieux étaient chargées de la coutume appelée *tansement*, en bas latin *Tensamentum*, droit dû au seigneur en échange de sa protection. Le paiement de ce droit rachetait les corvées dues par chaque charrue.

3° Les chevaux servant à la charrue devaient un bichet d'avoine au doyen rural de Saint-Cyr.

4° Les droits produits annuellement par le four banal de Biercy étaient de 50 sous.

5° L'abbaye prélevait encore à Biercy la dîme du vin dans les celliers et celle du pressurage au pressoir banal

La disparition de sept feuillets du manuscrit, dont j'ai extrait ce qui précède, m'oblige a suspendre l'énumération des redevances dont les serfs de Biercy étaient chargés, tant envers l'abbesse de Jouarre qu'envers l'église et la mairie ou prévôté de ce hameau. Cette lacune est d'autant plus regrettable, qu'il eut été interessant de connaître le taux du cens par arpent, le *quantum* des gerbes fixé par arpent pour l'acquittement de la dîme, et, en ce qui touche les usages, quelle était la situation de cet important immeuble dont la jouissance était commune. Sans cette lacune, nous eussions pu également résoudre la question de savoir si le fief de la Cour de Biercy, dont j'aurai à esquisser l'histoire, constituait déjà au XIIIe siècle une petite seigneurie, ou si cette dénomination n'indiquait, à cette époque, qu'une hostise soumise aux charges habituelles de la propriété servile.

A partir du XIVe siècle et particulièrement à dater de la charte d'affranchissement donnée par Louis le Hutin en faveur des serfs de ses états, les manants et habitants de Biercy devinrent propriétaires de leurs tenures et, par suite, ils eurent le droit d'acquérir et de vendre. Cette modification de leur condition

(1) Bibliothèque Nationale, n° 11571).

personnelle n'eut pas pour conséquence de soustraire leurs héritages aux charges anciennes : cens, rentes, dîmes, etc. ; seulement, sauf pour le seul fait du non paiement du cens, ils ne pouvaient plus être dépossédés arbitrairement. La situation des vilains ou manants se trouvait donc considérablement améliorée ; aussi en profitèrent-ils pour redoubler d'ardeur au travail et pour accroître leurs épargnes, afin d'acquérir de nouveaux lopins de terre soit à prix d'argent soit par des mariages avantageux.

Bien qu'il ne nous reste pas de documents écrits du XIVe siècle concernant Biercy, nous pouvons sans hésiter conclure des faits généraux, résultant de chartes anciennes et des recherches historiques, que ce hameau vit sa population s'accroître avec l'aisance des propriétaires, et qu'un certain nombre d'habitations et de bâtiments agricoles, plus confortables que par le passé, furent construits, non en bordure des chemins, mais à l'intérieur d'un jardin ou Courtil entouré de haies vives.

En effet, l'ensemble des constructions se trouvait généralement réparti sur les cotés d'une cour rectangulaire ayant une issue sur le chemin, au moyen d'une porte que l'on fermait la nuit. Puis dans ces cours, à l'habitation primitive du chef de famille, vinrent fréquemment s'ajouter une ou plusieurs habitations de descendants. Aujourd'hui encore, malgré les tendances à l'individualisme et la décroissance des sentiments nécessaires au régime communautaire, la plupart des anciennes cours établies au moyen-âge à Biercy subsistent toujours, seulement les bâtiments restaurés ou reconstruits se sont augmentés en élévations et la tuile à remplacé le chaume des anciennes toitures.

Il n'est venu à ma connaissance aucune pièce permettant de supposer qu'au XVe siècle, période féconde en troubles et en faits de guerre, le hameau dont je m'occupe ait eu directement à souffrir des déprédations des Armagnacs ou des Bourguignons. On parle bien d'un souterrain où les habitants mirent en sûreté leurs objets les plus précieux, mais aucune histoire plus ou moins dramatique ne semble se rattacher à cette cachette.

Le seul fait réellement important, concernant Biercy, qui se soit accompli au cours du XVe siècle, est la donation des usages par acte authentique consentie par l'abbesse de Jouarre en faveur des habitants de ce hameau en 1491.

Cette pièce se résume comme suit : L'abbesse, Jeanne d'Ailly, *pour les clairs et évidents profits* d'elle et de son église et conformément à l'avis de son conseil bailla à titre de cens et surcens annuels et perpétuels, *aux manants et habitants du village de Biercy*, tous droits d'usage et autres en dérivant sur :

1° 16 arpents de bois tenant aux usages de Vanry et à la forêt de Biercy.

2° 26 arpents de savarts, bois, rives et non valeur au-dessus de Biercy tenant notamment aux usages de Biercy Monthomé.

3° La place où se trouvait le *gué de la ville* de Biercy, contenant 14 perches.

4° 7 quartiers de prés aux Ormes-sous-Biercy.

A charge par les habitants de payer à l'hôtel abbatial un denier de cens par ménage ou feu et une poule vive de surcens ou 12 deniers, sous peine d'une amende de 7 sols 6 deniers.

Bien qu'un demi-siècle se soit écoulé depuis la ruine et l'incendie que les Anglo-Bourguignons firent subir à l'abbaye de Jouarre, celle-ci se trouvait encore à la fin du xve siècle dans une facheuse situation financière. D'autre part la charge résultant de cette concession a dû peser d'un poids léger sur les habitants concessionnaires. Mais il faut ajouter, au point de vue de la vérité historique, que les manants et habitants de Biercy se trouvaient depuis une longue série de siècles, en vertu du droit de premier occupant, les possesseurs du fonds. Cette propriété, en raison de sa nature particulière et de sa destination, était adaptée au régime de la jouissance en commun; par conséquent la libéralité de l'abbesse, Jeanne d'Ailly, ne fut qu'une extorsion déguisée. Se prévalant de la maxime : nulle terre sans seigneur, que les légistes s'efforçaient d'introduire dans le droit coutumier et profitant de l'ascendant que sa haute situation lui donnait sur ses manants censitaires de Biercy, elle dut les persuader facilement que le bois et la friche, dont ils jouissaient de temps immémorial, lui appartenaient à titre de seigneur de la terre. Cette prétention dut être d'autant plus facilement admise par les habitants, que l'abbesse, paraissant céder à un mouvement de générosité, leur offrait de régulariser la jouissance de leur droit d'usage par un acte en bonne forme ayant, en apparence du moins, le caractère d'une concession gracieuse. Toutefois cette libéralité était plus apparente que réelle car, en définitive, un denier plus une poule vive soit un sou par ménage correspondait à une redevance d'environ 43 sous. Or, en admettant que le nombre des feux de Biercy fut alors de 40, chiffre plutôt au-dessous qu'au dessus de la réalité, cette somme, répartie sur les 43 à 44 arpents concédés, correspond à une redevance de un sol par arpent.

Il ne faut pas oublier qu'à cette même époque les abbesses de Jouarre baillèrent à rente perpétuelle, les terres incultes de la ferme du Grand Couroy, moyennant six deniers par arpent, et l'on pourrait citer de nombreux exemples prouvant que de 1488 a 1500, le prix moyen de la rente des terres incultes aliénées ne dépassa pas un sou l'arpent. Par conséquent la concession de Jeanne d'Ailly fut une véritable spoliation, d'autre part les usages furent vendus au taux usité pour les terres incultes à cette époque.

Néanmoins, il ne serait pas impossible que la détermination de Jeanne d'Ailly, touchant la revendication de son droit à la propriété des Usages, n'ait été la conséquence d'un conflit entre les habitants des divers hameaux ayant droit à la jouissance en commun du terrain vague et inculte, qui s'étend de Courcelles-sous-Jouarre à Monthomé. Il se pourrait fort bien que les habitants de Monthomé, l'Hermitière, Biercy, Vanry et Courcelles se fussent plaints à l'abbesse de certains abus de jouissance commis par les habitants de tel ou tel hameau, et, qu'ils eussent réclamé son intervention, pour faire cesser l'indivision et pour fixer la part de terrain qui serait exclusivement affectée au paturage de chacun des hameaux. Ce qui permettrait de faire supposer qu'il en fut ainsi, c'est que dans l'acte de concession particulier aux habitants de Biercy, il est stipulé que la partie des usages affectée à ce hameau avait, d'une part, pour limites les usages de Monthomé et, d'autre part, les usages de Vanry, Dans cette hypothèse les réclamants auraient tout naturellement porté leur plainte devant le bailli de Jouarre. Pour aplanir le différend, on aurait fait intervenir l'abbesse, en sa qualité de seigneur, et celle-ci aurait profité de la circonstance, que lui offraient ses vassaux, pour déterminer d'abord la superficie afférente à chaque groupe d'habitants et, pour concéder ensuite moyennant finance cette superficie.

Depuis 1491 jusqu'à nos jours, les habitants de Biercy ont continué à jouir en commun de la partie des usages qui leur avait été attribuée, mais à maintes reprises, ils eurent des différends avec leurs voisins concernant les limites respectives et avec certains usagers touchant la nature des bestiaux auxquels la faculté de pâturer était accordée. Ainsi sur la détermination des limites, il y eut contestation en 1673 avec un certain Jacques Buisson fermier de l'une des deux fermes de Biercy, lequel faisait paître fréquemment de 5 à 600 moutons et portait ainsi obstacle à l'exercice du droit de pâturage des autres ayants droit. Il fut décidé par le juge, bailli de Jouarre, devant lequel la cause fut portée, que les seuls animaux cités dans l'acte de concession, c'est-à-dire les vaches, les chevaux et les pourceaux, avaient droit de pâturage. Par suite les moutons se trouvaient exclus de ce droit. Cette exclusion s'expliquait d'ailleurs, attendu que les animaux de race bovine, chevaline et porcine se refusaient à paître là où le mouton avait passé.

Dès la fin du XVIe siècle, le montant de la redevance due à l'abbesse par chaque feu fut porté à 21 deniers, ainsi que cela résulte, d'une part, du terrier de 1602 et d'autre part, du jugement du bailli sur l'affaire Jacques Buisson. Cette augmentation de la rente par feu provient de ce que la valeur en argent d'une poule évaluée 1 sou en 1491 se trouvait être de 20 deniers à la fin du XVIe siècle.

Une contestation relative au pâturage des moutons se produisit en 1807 et le juge défendit comme en 1673 la présence de ces animaux sur les usages.

La même année (1807) les usages de Biercy furent mis en vente comme biens nationaux; mais les ayants droit réclamèrent auprès de l'administration départementale et, comme ils prouvèrent par la présentation de leur titre de 1491 leur légitime possession, les usages furent retirés de la vente.

En vertu de la loi du 10 juin 1793, qui reconnaît aux sections des communes, le droit de posséder des biens communaux, les habitants de Biercy auraient eu la faculté de demander le partage, mais ils n'usèrent point de ce droit Ils continuèrent à administrer leur immeuble selon l'ancienne coutume, laquelle, sous bien des rapports, était défectueuse. La contribution due par l'immeuble fut portée au nom du syndicat et acquittée par lui.

En vue de remédier aux nombreux abus de l'administration des sections des communes, par un syndicat élu parmi les habitants de la section, la loi du 18 juillet 1837 confia au conseil municipal de la commune l'administration des biens des sections. Cette législation, confirmée et améliorée depuis par les lois de 1855 et de 1884, ainsi que par la jurisprudence du Conseil d'Etat, donne toute garantie aux sections, à l'égard de l'administration de leurs biens et revenus par le Conseil Municipal, en ordonnant qu'il sera établi un budget spécial des recettes et des dépenses afférentes à la section, et, qu'une commission administrative, élue par les ayants droit, sera toujours consultée, soit sur les baux à consentir, soit sur l'emploi du revenu, soit sur la nature et l'étendue des travaux à exécuter.

On se tromperait certainement, en attribuant à la possession des usages la prospérité relative dont à joui, et dont jouit encore le hameau de Biercy. Cette prospérité est dûe en majeure partie à l'opiniâtreté au travail, à l'amour de la terre qui caractérisent les habitants de cette localité et aussi à la fécondité de son sol, car la disposition naturelle du terrain, aux environs du hameau, ne permettant guère l'emploi de la charrue, en raison de la pente du coteau, la grande culture ne put s'établir en cet endroit, soit au XVIe soit au XVIIe siècle, comme elle le fit par exemple dans les plaines de Gouin et de Monthomé.

Il faut constater cependant que, vers la fin du XVIe siècle, une petite ferme fut constituée au centre même du hameau. Toutefois cette exploitation agricole, connue sous le nom de la ferme du *Fort de Biercy*, puis de la *Petite Ferme*, ne se composait encore en 1715 que de 83 arpents environ. Elle se trouvait à cette époque divisée entre Germain Huvier possesseur des bâtiments et de 50 arpents 75 perches et Jacques Lefèvre qui détenait 32 arpents 25 perches.

A la date sus-indiquée elle consistait en un grand bâtiment au centre duquel se trouvait une grande porte surmontée d'un volet à pigeon, le tout tenant par devant au chemin de Saint-Cyr, et par derrière à une cour commune où se trouvaient de petits bâtiments dépendants de la ferme.

La construction appelée alors le *Fort de Biercy* se trouvait adossée au pignon du grand bâtiment (je parlerai plus loin de ce fort.)

En 1734 la petite ferme de Biercy appartenait à Louis Delalot, de la Ferté-sous-Jouarre et les terres en dépendant représentaient seulement 52 arpents 75 perches. Elle passa par donation, des mains de Delalot en celles de César Dienert qui la détenait encore en 1760. Elle contenait alors 54 arpents 7 perches. Enfin elle fut vendue en détail vers l'époque de la Révolution.

Nous devons encore ajouter que les seigneurs du fief de la Cour de Biercy tentèrent bien d'accroître les cultures de leur domaine par des acquisitions faites sur des roturiers, mais ils ne parvinrent à réunir ainsi que quelques parcelles.

Nous verrons du reste en esquissant l'historique du fief de la Cour que les 95 à 100 arpents cultivés par la ferme de ce fief revinrent aux mains des petits propriétaires de Biercy par suite de la vente en détail de cette ferme vers 1825.

FORT DE BIERCY

L'établissement de cette construction doit se rapporter aux circonstances qui présidèrent à l'érection des forts de Courcelles, de Vanry et de Vorpillières. Ainsi nous savons, par un acte authentique en date du 31 novembre 1587, qu'en vue de protéger le hameau contre les incursions et déprédations des gens de guerre occupant le pays, les habitants de Vorpillières et de la Cour des Barbonnes s'engagèrent solidairement à faire construire une forteresse, près des bâtiments de la ferme que possédait à Vorpillières le cardinal de Lenoncourt, prieur commandateur de Reuil, et chacun d'eux à contribuer à la dépense proportionnellement à la cote de leur taille ou imposition. Cette convention prévoyait encore la réparation et la reconstruction de l'ouvrage, s'il advenait qu'il fut endommagé ou détruit par le fait des gens de guerre.

Nous savons également que, pour la défense du fort de Vanry, les hommes valides formaient une compagnie ayant ses chefs. Le capitaine de la compagnie de Vanry en 1590, avait nom Nicolas Douaire. Ces divers ouvrages défensifs, excepté celui de Courcelles, subsistaient encore à l'état de ruines au cours de la seconde moitié du XVIIIe siècle. Quant au Fort de Biercy, son emplacement se trouve signalé dans des titres de 1760

COUR DE BIERCY

Je compléterai ce que j'ai a dire sur Biercy, en résumant les renseignements que je suis parvenu à recueillir aux archives départementales sur l'ensemble des faits relatifs au fief de la Cour de Biercy.

Selon toute vraisemblance une des abbesses de Jouarre du XIVe ou du XVe siècle, dont le nom ne nous a pas été conservé, conféra, au roturier détenteur de l'hostise appelée la Cour de Biercy, la seigneurie de ce domaine ; cette concession lui fut accordée soit à titre onéreux soit en reconnaissance de services rendus, et à charge par le concessionnaire de rendre à son seigneur féodal foi et hommage, de fournir aveu et dénombrement du fief et d'acquitter les droits de quint, requint, relief etc, à chaque transmission soit du fief servant, soit du fief dominant.

Le plus ancien document concernant le fief de la Cour, qu'il nous a été donné de consulter, consiste dans un aveu et dénombrement du fief présenté par Jean Duval, écuyer, seigneur de Chamoust, à dame Charlotte de Bourbon, abbesse de Jouarre. Bien que la date de cette pièce se soit trouvée illisible en raison de l'altération du manuscrit, on peut la considérer comme étant comprise entre les années 1562 et 1572.

Il résulte de cet acte que Jean Duval, seigneur de Chamoust, ayant hérité du fief de la Cour, d'Antoinette Picot sa mère, déclara tenir de Madame de Jouarre le dit fief lequel consistait en :

1° Une maison couverte de tuiles contenant 3 travées; plus 3 travées d'étable; et un autre corps de logis d'un nouvel édifice à deux étages pourvu d'une vis (escalier) en façon de tourelle, au haut de laquelle se trouve des bougettes à pigeons, avec une étable, le tout de 5 travées couvert de tuiles; plus en une grange de 4 travées couverte de chaume et en 2 petits toits à porcs couverts de tuiles; au centre de ces bâtiments se trouve une cour à laquelle on accède par une grande porte, au-dessus de laquelle est établie une chapelle. Le tout y compris un pourprie (enclos) d'une contenance de 75 perches.

2° Un jardin de 1 arpent 50 perches dans lequel il y a un fossé à poisson situé devant le manoir.

3° Une île formée par le Morin, plus une pièce de pré située à la *Planche ou Pont du Bray*, plus 25 arpents et demi de terres et prés en plusieurs pièces :

En dehors de ce domaine féodal Jean Duval tenait en roture, c'est-à-dire à charge de cens, de Mesdames de Jouarre un certain nombre d'héritages aux environs de Biercy.

En résumé, à cette époque, le manoir cultivait environ 35 arpents provenant du fief et une vingtaine d'arpents acquis sur des roturiers,

A Jean Duval succéda Messire François de Renest, seigneur de la Motte d'Ormoye, dont nous avons précédemment parlé au chapître du Ru-de-Verou. Il épousa Françoise Le Chevallier, dont il eut, en 1601 et 1604 Pierre et Charles de Renest baptisés à Saint-Cyr. (Registre de l'état civil).

En 1614, le fief de la Cour était passé aux mains d'Antoine Le Chevallier. Du mesurage exécuté à cette date, il résulte que ce fief consistait en 89 arpents de terres et prés en plusieurs pièces, y compris les terres tenues en roture. Le locataire Pierre Leredde acquittait pour le tout un loyer de 450 livres, ce qui correspond en moyenne à 5 livres l'arpent.

Le 20 janvier 1629, la veuve de Le Chevallier-Avoye de Séricourt fournit aveu et dénombrement, de son fief au nom de ses enfants; par l'entremise de messire Gabriel de Séricourt, son parent, à Jeanne de Lorraine abbesse de Jouarre.

A cette date le fief consistait en :

1° 53 arpents 83 perches de terre et prés.

2° 10 sols 6 deniers de menus cens, 16 sols de coutume, 2 septiers; assis sur plusieurs héritages.

3° Une masure cour et jardin, 10 arpents de prés, 5 quartiers de vigne et quelques menues redevances, tenus en arrière-fief de Jouarre, assis à Biercy et ayant appartenu à René Duplessis, à Billonnard et à René Pottier comte de Trésure, capitaine des gardes du corps du roi.

4° Enfin un autre fief sis à Jouarre consistant en une masure, 2 arpents de terre et quelques redevances.

Ces deux derniers fiefs avant d'entrer dans la mouvance du fief de la Cour de Biercy relevaient de François de Renest.

En 1635 le 30 mai, la dame Avoye de Séricourt, déjà citée, fit bail à Jean Leredde de la ferme de la Cour de Biercy moyennant 450 livres.

Le 11 juin 1636 Louise et Madeleine Le Chevallier, filles d'Antoine Le Chevallier et d'Avoye de Séricourt, ayant atteint leur majorité firent, conformément à la jurisprudence, acte de foi et hommage aveu et dénombrement de leur fief de la Cour à Jeanne de Lorraine abbesse de Jouarre. Le 28 mai 1643, Louise et Madeleine Le Chevallier renouvelèrent le bail précédemment consenti par leur mère à Jean Leredde.

Louise Le Chevallier se trouvait en 1665 unique propriétaire du fief de la Cour, lequel consistait alors en 95 arpents 16 perches de terres et prés d'après le mesurage qu'elle en fit éxécuter. Louise Le Chevallier étant morte sans laisser de postérité, le fief de la Cour passa à ses héritiers collatéraux parmi lesquels je citerai : Pierre de Pompry, François de Renest, Antoine Desteufle, Marie Morain, Louise Jariou ; ainsi que cela résulte d'un acte de 1690. A cette date Pierre de Pompry, agissant au nom de ses co-partageants, fit bail de la ferme à Pierre Hébert de Noisement moyennant 500 livres.

Mlle de Renest céda sa part de la ferme en 1697, à messire de Villelongue moyennant une rente viagère de 67 livres.

L'année suivante Louise Jariou, veuve de François Hebert vendit sa deuxième part moyennant 295 livres à Solvet de la Ferté.

Pierre de Pompry au nom de ses co-partageants fit bail de la ferme en 1701, à Guillaume Labassé, moyennant 500 livres et ce bail fut renouvelé en 1712. Ce bail fut consenti au profit du dit Labassé et de Louis Bailly moyennant 600 livres en 1722.

Pierre de Pompry était, de son vivant seigneur des Marets, chevalier de l'Ordre de Saint-Louis et maréchal des logis des gens d'armes de la garde du corps du roi. Il mourut en 1735. Par suite de son décès, sa fille, demoiselle Marie-Anne de Pompry, épouse de messire Claude-Pierre Heurtelou, apporta en dot à celui-ci, sa part du fief de la Cour. Cette part consistait dans le fief proprement dit, dans la moitié des biens tenus en roture et dans 5/11 de l'autre moitié. Les 6/11 restant de ces biens roturiers étaient possédés savoir : 2/11 par Nicolas Froissard de Préoval (part de Mlle de Renest); 3/11 au sieur Leblanc et 1/11 par M. Lemaître (part de Louise Jariou).

Cette même année, Claude Heurtelou, en son nom et en celui de ses co-partageants, fit bail de la ferme à Pierre Colmont moyennant 600 livres.

Jacques-Henri-Pierre Heurtelou, fils et héritier du précédent, vendit la totalité du fief en 1785, à Anne-Léon de Montmorency qui s'en trouvait encore détenteur en 1791.

M. de Montmorency étant tombé sous le coup de la loi faite contre les émigrés, le fief de la Cour fut déclaré propriété nationale et, le 13 nivôse an III, il fut procédé au mesurage et à l'estimation de cette ferme.

Les bâtiments consistaient alors :

« En un corps de logis de 45 pieds de long, sur 23 de large et 22 de cotière, distribué en maison, cuisine où il y a four, chambre, petite écurie à côté, escalier, chambre et grenier dessus, le tout couvert de tuiles, en étable, laiterie et colombier dessus, granges, hangar, poulailler, écurie avec chambre, toits à porcs et appentis, la presque totalité couverte de chaume ; enfin en une chambre ayant servi de chapelle au-dessus de la grand'porte. Au milieu de la cour, un puits et derrière la maison, un jardin et un colombier. »

L'ensemble mesurait en superficie 66 perches 1/2. L'estimation de la totalité s'élevait à 3,815 livres 12 sols. La ferme de la Cour de Biercy ainsi que les terres en dépendant furent vendues ensemble moyennant 110,300 livres, le 24 pluviôse an III, au citoyen Hervé Lebrun, huissier à Rozoy. Postérieurement, cette propriété fut vendue en détail aux enchères et les habitants de Biercy purent alors se partager ce domaine qui, depuis cinq siècles, avait joui des nombreux privilèges attachés au titre de terres nobles.

Revenons maintenant à l'histoire du hameau. La culture de la vigne inaugurée dans cette localité à l'époque romaine s'y continua pendant tout le moyen-âge, et se trouvait particulièrement florissante au XVIIe siècle. La réputation du vin de ce crû approchait de celle du vin des Rosettes. Aussi le rendement de la dîme du vin de Biercy se trouvait-il relativement très élevé. Aujourd'hui que cette culture est en décadence, on ne peut se rendre un compte exact de la multiplicité et de l'exiguité des parcelles plantées en vignes, qu'en consultant les terriers de Saint-Cyr de 1602 et de 1715.

On s'aperçut enfin vers le milieu du XVIIIe siècle que le développement de cette culture n'était plus normal et, soit spontanément, soit pour obéir à l'édit royal de 1731 faisant obstacle à la plantation de la vigne, les vignobles de la rue Jean, de la Fosse-Douy et de certains champs non loin de Biercy furent convertis en bois.

Nous savons qu'à la date de 1590 le dîmage en grain de Biercy était loué à Innocent Bardin, à charge de bien recueillir et de rendre annuellement 4 muids 3 setiers de grain, (1/3 blé, 1/3 avoine et 1/3 orge), plus 1 setier de pois et 1 setier de fèves; plus enfin de fournir la paille nécessaire à lier les vignes que l'abbaye possédait à Biercy. Ces vignes étaient situées au lieu dit : les *Vignes Madame*.

Ce même dîmage était affermé en 1688 moyennant 5 muids de grain, (1/3 blé, 1/3 avoine, 1/3 orge,) 200 bottes d'herbe, 3 setiers de pois et 1 de fèves.

Parmi les habitants du hameau en 1602, je citerai les noms suivants : Pierre Godard, Thomas Germain, les frères Jacques et Supplixe Hion. Au même terrier, Gilles du Troux, curé de Saint-Cyr, déclara que la chapelle de Biercy, dont nous avons indiqué plus haut la situation, possédait sur la seigneurie de l'abbesse, 12 arpents de pré sis au lieu dit les Cabarets. Le revenu de ces 12 arpents était affecté à l'entretien du prêtre desservant cette chapelle.

Grâce au terrier de 1716, je puis fournir des renseignements plus explicites sur la majeure partie des chefs de famille propriétaires dans le hameau à cette date. J'ai condensé ces renseignements dans un tableau que le lecteur trouvera page 139.

Le total de la dernière colonne représente pour le cens 68 sols et 196 deniers, ce qui équivaut à 4 livres, 4 sols, 4 deniers.

	NOMS des Propriétaires	DOMICILES	Nombre des Habitations	Nombre des Parcelles	Superficie possédée		CENS	
					ARP'	PER"	SOLS	DENIERS
1	Germain Huvier	Hôtel du Bois	2	103	50	75	16	11
2	Veuve Pierre Leredde	Courcelles la Roue	1	110	47	50	15	10
3	Jacques Lefèvre	Jouarre	»	39	32	25	10	09
4	Louis Bachelier	Saint-Cyr	1	45	16	»	5	04
5	Denis Pinard	Biercy	1	41	9	25	3	01
6	Louis Villain	Biercy	1	29	7	»	2	04
7	Claude Candas	Biercy	1	29	6	»	2	»
8	J an Camus le jeune	Biercy	1	33	5	»	1	08
9	François Royne	Biercy	»	15	5	»	1	08
10	Anne Morel, Vve Jacob	Biercy	»	38	4	50	1	06
11	Jean Leredde	Romeny	1	17	4	50	1	06
12	Jean Villain	Biercy	1	18	4	50	1	06
13	Jacques Yvonnet	Biercy	1	30	4	50	1	06
14	Jean Fortanier	Biercy	1	32	4	»	1	04
15	Jean Noël	Biercy	1	28	4	»	1	04
16	Charles Leredde	Saint Cyr	1	32	3	75	1	03
17	Enfants Jacques Pinard	Petit Montgouin	1	13	3	50	1	02
18	Anne Villain	Biercy	1	13	3	25	1	01
19	Denis Villain	Biercy	»	11	3	25	1	01
20	Jean Camus	Biercy	»	21	3	»	1	»
21	Jacques Joullain	Biercy	2	30	3	»	1	»
22	Pierre Potonier	Biercy	»	34	3	»	1	»
23	Veuve Pierre Collignon	Biercy	»	8	2	50	»	10
24	Louis Duchesne	Biercy	1	23	2	50	»	10
25	Enfants François Jacob	Biercy	1	29	2	50	»	10
26	Louis Hubert	Jouarre	1	14	2	»	»	8
27	Pierre Monville	Biercy	1	18	2	»	»	8
28	Louis Camus	Biercy	1	12	1	75	»	7
29	Etienne Thierry	Gde Grange Gruyer	1	9	1	75	»	7
30	Nicolas Bordereau	Biercy	1	14	1	50	»	6
31	Etienne Camus	Le Mont	1	12	1	50	»	6
32	Charles Durand	Biercy	1	19	1	50	»	6
33	Louis Regnault	Biercy	»	15	1	50	»	6
34	Pierre Duchesne	Biercy	1	8	1	25	»	5
35	Veuve Etienne Henry	Biercy	1	9	1	»	»	4
36	François Jacob	Biercy	»	9	1	»	»	4
37	Jeanne Rossignol	Biercy	»	8	»	75	»	3
38	Michel Jacob	Biercy	»	8	»	50	»	2
			29	976	253	»	68	196

L'HERMITIÈRE

L'époque de l'établissement de ce hameau peut être fixée au commencement du XIIIe siècle, car le cartulaire de l'abbaye de Jouarre mentionne l'*Ermitière* comme étant un lieu habité, dont les champs avoisinants devaient à l'abbesse un champard annuel valant en tout 3 setiers.

Le nom que porte cette localité semblerait indiquer que son premier habitant fut un ermite; on peut, je crois, donner une explication différente :

A l'époque où l'abbaye fit concession d'une partie de ce territoire à l'un de ses serfs à charge par lui de le défricher, de le mettre en culture et d'y construire une habitation ou hostise, cette habitation, en raison de son éloignement tant de l'église que des localités habitées, fut probablement comparée à la demeure d'un ermite, à une ermitière.

Ce hameau composé de 17 habitations dont une ferme, renferme une population de 64 habitants. Là, comme dans tous les anciens hameaux, l'habitude d'établir les habitations dans des cours communes a prévalu jusqu'à nos jours.

En dehors du hameau qui, en totalité, se trouvait dans la censive de l'abbesse, il existait au XVIe siècle en ce lieu une ferme dépendant du fief laïque de Saint-Cyr. La limite entre les deux fiefs passait entre le hameau et la ferme.

Cette ferme appartenait en 1549 à dame Anne de la Fontaine, veuve de messire Philippe de Culant, seigneur en partie de Saint-Cyr. Elle fut donnée à bail cette même année, à Jean Morel, gendre de Pierre Leroux, moyennant 3 muids 6 setiers de grain, (2/3 blé, 1/3 avoine) par an. Ce bail fut renouvelé aux mêmes conditions en 1568 par Anne de la Fontaine, agissant au nom de ses enfants.

Hélène de Culant, sœur de Philippe de Culant, agissant tant en son nom qu'en celui de ses nièces, fit bail de sa ferme de l'Hermitière en 1596, à raison de 4 boisseaux 1/2 l'arpent, (2/3 blé, 1/3 avoine). Ce bail fut renouvelé en 1607.

Après la mort d'Hélène de Culant, son neveu Philippe Fleury de Culant, comte du Buat, hérita de la terre de Saint-Cyr et de la ferme de l'Hermitière. Il loua cette ferme en 1646 moyennant 22 setiers de blé et 17 d'avoine.

Après être resté jusque vers 1700 aux mains de la famille du comte du Buat, la ferme de l'Hermitière fut acquise, ainsi que la seigneurie de Saint-Cyr dont elle dépendait, par messire François Pillon, lequel loua cette ferme, en 1703, à Nicolas Bois en même temps que la recette de Saint-Cyr.

Après avoir fait successivement partie des baux de la recette de Saint-Cyr, cette ferme fut louée séparément en 1769 par ses propriétaires qui étaient alors : demoiselle Barbe de Courcelles-de-Ville, mariée à Anne-Léon de Montmorency, seigneur de Saint-Ouen et de Saint-Cyr en partie.

A cette date la ferme de l'Hermitière se composait de 123 arpents par suite de la réunion de la ferme de Monthomé qui contenait 75 arpents. Le bail avait été consenti à Nicolas Leroux moyennant 750 livres, soit à raison de 6 livres 2 sols l'arpent à 20 pieds pour perche.

Anne-Léon de Montmorency, seigneur de la Brosse-Saint-Ouen, Saint-Cyr et autres lieux, étant tombé sous le coup de la loi déclarant les biens des émigrés, propriété nationale, la ferme de l'Hermitière fut vendue aux enchères publiques par le district de Rozoy, le 15 messidor an III, pour une contenance de 156 arpents, 10 perches. Elle fut adjugée au citoyen Vacheron, marchand de bois à la Ferté-Gaucher moyennant 108,900 livres.

Les bâtiments de la ferme de l'Hermitière se composaient alors : « D'un grand corps de bâtiment couvert de tuiles distribué en cuisine avec four et cheminée, petite chambre basse, escalier, laiterie et écurie, au premier étage : chambres à blé et à avoine, grenier dessus ; à l'est, un autre corps de bâtiment couvert de tuiles servant de grange et bergerie ; à l'ouest, un autre corps de logis couvert de tuiles servant de bergerie et laiterie ; au sud, un autre bâtiment couvert de tuiles, servant de grange avec toit à porcs et appentis ; cour au milieu desdits bâtiments fermée de mur avec portes charretière et cavalière à l'est et au sud, plus un clos et jardin. »

A Monthomé se trouvaient deux travées de bâtiments couverts de tuiles servant de bergerie.

Les terres dépendant de la ferme se décomposaient comme suit :

Terres et friches.. 136 arpents.. 17 perches en 129 parcelles
Prés............ 15 arpents.. 97 perches en 31 parcelles
Bois............ 2 arpents.. 45 perches en 9 parcelles
Bâtiments, cour, jardin et clos 1 arpent, 51 perches.

Cette ferme avait été louée en 1788, pour 9 ans, au sieur François Gonnet moyennant 1200 livres de redevance, 4 chapons, un agneau de lait, la charge de conduire 600 bottes de foin au château de la Brosse, de payer 164 livres de taille et 184 livres de dîme.

Depuis le moyen-âge jusqu'à nos jours le territoire de l'Hermitière est resté divisé en petites parcelles, surtout dans la partie du côteau ou prospérait la vigne. C'est là que se trouve situé le vignoble naguère célèbre des Rosettes. Ce territoire, divisé en petits lopins et fécondé par des familles laborieuses, n'était pas seulement riche par l'excellence et l'abondance de ses produits, il l'était encore par la précieuse qualité de la pierre que renfermait le sous-sol à la naissance de la plaine. Je possède des actes de 1598, qui parlent de plusieurs grands marchands meuliers de la Ferté extrayant des meulières aux environs de l'Hermitière, notamment aux lieux dits le Hasard, le bois Picot, etc. D'autre part les habitants du hameau de l'Hermitière, en raison de leurs droits à la jouissance du communal de Monthomé, pouvaient nourrir avec une faible dépense un baudet et une vache. Cette jouissance du communal est attestée par un acte de 1646 rapporté au chapitre de Monthomé.

L'extrait suivant du terrier de 1715 nous permet d'indiquer assez exactement les noms des propriétaires possédant à cette date des habitations ou des héritages en ce lieu ou aux environs. Voici leurs noms :

NOMS des Propriétaires	DOMICILE	Nature de la Propriété	Superficie	Nombre de parcelles
Nicolas Bigornet...	l'Hermitière	Maison et terres	5 arpents	27
Les enfants Béguin.	id.	Terres	4 arpents	31
Nicole Bigornet ...	id.	Terres	2 arpents 1/4	9
Jeanne Jacob	id.	Maison et terres	5 arpents	46
Antoine Ricard....	id.	Maison et terres	25 perches	1
Antoine Couvreur..	id.	Maison et terres	3 arpents 3/4	27
Nicole Driot......	id.	Maison et terres	3 arpents 1/2	31
François Jolly.....	id.	Maison et terres	1 arpent 1/2	11
Vve Marc Bigornet.	id.	Terres	10 arpents 1/4	60
Jacques Bigornet..	id.	Terres	25 perches	3
François Bidant...	Vaury.....	Maison et terres	2 arpents 1/2	16
Denis Michel......	id.	Bâtts et terres	50 perches	3

Toutes les habitations étaient couvertes de chaume et ces héritages étaient chargés de 4 deniers de cens par arpent envers l'abbesse.

MONTHOMÉ

Il existe dans notre département trois localités portant ce nom : l'une située commune de Courtevroult, s'écrit Montaumer, les deux autres dépendant l'une de Chauffry et l'autre de Saint-Cyr, s'écrivent Monthomé. Dans une charte citée par Duplessis (tome II page 110) le nom de notre hameau se trouve reproduit en français *Mont-Haumer*. C'est aussi sous cette forme qu'il figure au cartulaire de l'abbaye de Jouarre. L'expression *Haumer* dérive de *Audomarus* nom d'homme porté au VIIe siècle par un évêque de Thérouane.

A quelle époque ce lieu fut-il habité ? Si l'on considère que depuis une longue série de siècles, les habitants du hameau de Monthomé jouissent en communauté de la faculté de faire paître leurs bestiaux, sur la vaste friche que possède cette localité, on peut admettre, comme je l'ai fait d'ailleurs pour Biercy, d'abord que cette friche, établie pour un usage commun, correspond à un état de civilisation de beaucoup antérieur à l'occupation de notre contrée par les Romains. Il est permis de conclure de cette observation que Monthomé fut occupé, vers cette époque, par un petit groupe de population dont la descendance, en traversant les âges, a constituée le hameau actuel.

Il y avait en cet endroit, dès la fin du XIIe siècle, une certaine étendue de terrain consacrée à la culture des céréales et, par suite, il existait au moins une métairie en ce lieu. Cette affirmation se trouve directement confirmée par une charte (déjà citée) en date de 1219 du mois de juin, dans laquelle on constate que Foulques de Jouarre, chevalier, fit don en faveur de la chapelle du Tillet, paroisse de Reuil, de 2 muids de froment à prendre à *Mont-Haumer*. Foulques de Jouarre y possédait par conséquent une grange ou métairie.

Le cartulaire de l'abbaye de Jouarre (f° 73), dressé vers 1277, nous apprend en outre qu'à cette date Henry du *Tilloy* (Le Tillet commune de Reuil), l'un des vassaux de l'abbesse, déclare posséder à Monthomé les cens rentes et autres qu'il tient en fief de la dite dame, savoir :

1° 16 deniers de cens à la Saint-Jean ;

2° 6 sous 8 deniers de taille à la Saint-Remi ;

3° 30 setiers de blé ;

4° L'orme de Monthomé (c'est-à-dire la justice). En outre il déclare être débiteur chaque année envers le chapelain du Tillet de 26 setiers de blé à prendre à *Monthaumer*.

De ce qui précède il faut conclure que, vers 1277, la partie du territoire de Monthomé dépendant du grand fief ecclésiastique de Madame de Jouarre renfermait une population de serfs cultivateurs, que ces serfs étaient censitaires d'Henri du Tillet et enfin que ce dernier tenait sa métairie et ses cens de Monthomé en arrière fief de l'abbaye.

Le cartulaire, dont nous avons extrait ce qui précède, fait encore mention de Monthomé (f° 57). Il y est dit que l'abbesse de Jouarre percevait à Monthomé la dîme en blé, avoine, etc., la dîme du vin en cellier et du pressoir.

En 1491, l'abbesse Jeanne d'Ailly fit concession aux habitants de Monthomé de 28 arpents de friche, dont depuis un temps immémorial ils avaient la jouissance commune et où ils menaient paître leurs bestiaux. Le titre de cette concession fut détruit vers 1790 dans un incendie mais, néanmoins, on peut affirmer que le taux de la redevance, dûe à l'abbaye par chaque ménage ou feu, était comme à Biercy, de un denier, plus une poule ou 12 deniers et que cette redevance fut portée à 21 deniers au XVIIe siècle. Le titre concernant cette concession n'existant plus, on ne saurait dire si les habitants du hameau, dépendant de la seigneurie de Charnesseuil, avaient également droit à la jouissance du communal, mais en ce qui regarde les habitants de l'Hermitière, comme ils faisaient partie de la seigneurie de l'abbesse, il nous paraît hors de doute, qu'en fait du moins, ils jouirent du même droit à l'usage que leurs voisins de Monthomé.

Cette appréciation est confirmée par un acte de 1646, (Minutes Laisné) portant que les habitants de Monthomé et de L'Hermitière concédèrent à Jacques Gauthier, marchand meulier à la Ferté, le droit d'extraire des meulières sur les usages de Monthomé moyennant 6 livres par grande meule, 3 livres par meularde et 20 sols par œillard et 100 de carreaux, mais sans obligation de remplir les trous d'extraction.

La détermination de la limite des usages entre Monthomé et Biercy fut l'objet de contestations au XVIIIe siècle. Vers 1800 les habitants de Monthomé s'opposèrent à la mise en vente de leur communal, dont la superficie était de 9 hectares 92 ares 43 centiares, mais, en l'absence de titre de possession, le district de Melun le considéra comme bien national, et en l'an IX, l'adjudication eut lieu au profit de Jacqueminot, qui s'était empressé d'en commencer le défrichement, lorsque les habitants surpris et émus firent porter leur réclamation devant le Conseil du district qui s'empressa d'annuler la vente.

Le hameau de Monthomé dépendait en partie de la seigneurie de Jouarre et en partie de la seigneurie de Charnesseuil ; l'ancien chemin empierré, conduisant d'Archet à Vorpillières, formait la limite entre les deux seigneuries dans la traversée du hameau.

Dans la censive de l'abbesse de Jouarre il existait au XVe siècle une petite ferme, qui appartenait à Claude Masson et que celui-ci vendit le 14 décembre 1514 à Nicolas de Culant seigneur de la Brosse-St-Ouen. Elle consistait alors en 2 bouges de logis, 4 travées de bâtiments et 48 arpents de terre. Cette petite ferme resta dans le domaine des seigneurs de la Brosse jusqu'à la Révolution.

Le 22 avril 1599 Louis de Culant, seigneur de la Brosse, en fit bail à Cosme Leguay moyennant 4 boisseaux l'arpent, (2/3 blé 1/3 avoine) soit au total 16 setiers. Ce bail fut renouvelé en 1608 aux mêmes conditions.

Daniel Morel, conseiller du roi, seignenr de la Brosse etc., acquéreur des Culant, bailla sa ferme à Innocent Leguay en 1686, moyennant 30 setiers de grain (2/3 blé 1/3 avoine) : ce bail fut renouvelé en 1696.

Zacharie Morel, fils de Daniel Morel, hérita de son père, en 1699, de la petite ferme de Monthomé qu'il loua par l'intermédiaire de Pierre Dheriot, prêtre licencié en droit, curé de Bussières, à François Desbats maire perpétuel de la Ferté, conseiller du roi. Il en fit la déclaration au terrier de St-Cyr le 11 avril 1718. A cette date la ferme comprenait : 6 bouges de logis avec cour et jardin et 48 arpents de terres et prés chargés de 16 sols de cens envers l'abbaye.

La petite ferme de Monthomé, seigneurie de l'abbesse, fut acquise en 1743 par dame Barbe-Besse, veuve en premières noces de Messire Charles-Joseph de Courcelles, et en secondes noces de Messire Arnold de Ville. Cette petite ferme comprenait 48 arpents. Elle fut réunie à celle que possédait déjà dans ce hameau Mme Arnold de Ville, de telle sorte que la contenance totale se trouva ainsi portée à 70 arpents environ. Le tout fut loué en 1762 à Jacques Gérard moyennant 325 livres, ce qui représentait plus de 4 livres par arpent.

Les deux petites fermes réunies *de Monthomé* se trouvaient accrues de 5 arpents en 1762 et Mme Arnold de Ville en était seule propriétaire.

Cette dame et son gendre Anne-Léon de Montmorency ajoutèrent à ces deux fermes celle de l'Hermitière et louèrent le tout en 1769 à Nicolas Leroux moyennant 750 livres par an.

Enfin les trois fermes réunies de Monthomé et de l'Hermitière furent vendues nationalement le 15 messidor an III (voir l'Hermitière).

Sur le hameau proprement dit, c'est-à-dire sur la condition de ses habitants, leurs cultures, leurs redevances, le prix et le loyer des biens, nos recherches ont été peu fructucuses; nous pouvons indiquer toutefois qu'en 1550, le dimâge en grain de Monthomé était loué par l'abbesse 3 muids de blé, 4 muids d'avoine 1 setier de pois et 1 setier de fèves. La dîme en vin produisait en 1666 un loyer de 66 livres. Cette dîme ainsi que le pressoir banal dont nous avons précédemment parlé subsistèrent jusqu'à la Révolution. A cette époque la dîme fut abolie et le pressoir fut vendu nationalement le 23 mai 1791 à Bernard Garmigny, jardinier au château de Chavigny moyennant 805 livres.

Un acte en date de 1587 nomme Philippe Mousseau habitant une des cours communes de Monthomé; il avait pour voisins Pinard, Yvonnet, Leguay, Bidaut, Tarcette et Robinet parmi lesquels, il en est probablement quelques uns dont les descendants habitent le hameau actuellement.

Louis Bardin, marchand de meules à La Ferté en 1664, acheta des Regnault, meuliers à Vorpillières, toutes les meules, meulardes et carreaux à provenir des ateliers établis sur les usages de *Monthaumé* par permission des habitants moyennant : 80 livres par meule de 5 pieds 1/2 et au dessus, 40 livres par meularde de 4 pieds à 5 1/2, et, 7 livres par 100 de carreaux, le tout bien façonné etc.

Un acte en date de 1674 nous montre le haut prix de la terre où s'extrayait la pierre meulière. A cette époque en effet, Houdrichon de La Ferté achetait une parcelle de terre de 27 perches, comprenant une carrière en exploitation, moyennant 60 livres, ce qui correspondait au prix de 222 livres 41 par arpent; or à cette époque l'arpent se payait en moyenne de 90 à 100 livres.

Le terrier de St-Cyr, établi en 1716, m'a fourni quelques noms de propriétaires possesseurs d'héritages situés dans la partie de Monthomé relevant de l'abbesse de Jouarre. Je donne ces noms dans le tableau suivant qui indique également le lieu du domicile des propriétaires, la nature des biens possédés par eux, leur importance et le cens dont chaque propriété était chargée.

NOMS des Propriétaires	DOMICILE	Nature de la Propriété	Superficie	Nombre de parcelles	Cens sols	Cens deniers
Jean Lecoq.....	Monthomé..	Maison et terres	5 arpents	26	1	8
Pierre Marcou..	id.	Maison et terres	2 arpents	17	»	8
Marc Couvreur..	id.	Maison et terres	4 arpents 1/4	20	1	5
Louis Leguay...	id.	Terres.......	3 arpents 1/4	14	1	1
Vve Marc Bigornet	l'Hermitière	Maison et terres	10 arpents 1/4	60	3	1
Gilles Parizot..	Monthomé..	Terres.......	25 perches	2	»	1
Nicolas Simon..	Charnesseuil	Maison et terres	6 arpents 1/2	12	2	2
Jean Bachelier..	id.	Maison et terres	16 arpents 1/4	46	5	5
Louis Delorme..	Vaury.....	Maison et terres	1 arpent 3/4	11	»	7

SAINT-CYR DE 1791 A 1895

NOTES COMPLÉMENTAIRES. — TABLEAUX ANNEXES

Saint-Cyr, ainsi que la presque totalité des villes et villages, fut constitué au cours du moyen-âge en paroisse dont les habitants jouissaient, dans une certaine mesure, du droit de délibérer et de prendre des résolutions concernant les intérêts communs de chaque localité.

Les organisations paroissiales prirent un nouveau développement en 1787 par suite de l'établissement des Assemblées provinciales. Celles-ci étaient constituées par des délégués élus par les paroisses au nombre de trois, six ou neuf, suivant le chiffre de la population. Il fallait payer dix livres d'impôt pour être électeur.

Ce furent les Assemblées paroissiales qui rédigèrent, en 1788, la plupart des cahiers de doléances.

L'organisation administrative des paroisses fut modifiée par l'Assemblée nationale qui, par la loi du 18 décembre 1789, sanctionnée par le roi le 28 du même mois, reconstitua toutes les municipalités du royaume sur de nouvelles bases et sur un plan uniforme. A partir de cette date, le Conseil de la commune décide sur toutes les questions d'intérêt local, et le syndic ou maire est seul chargé de l'exécution des résolutions prises. D'autre part, le maire est subordonné à l'autorité centrale représentée par le district,

La loi de 1789, modifiée depuis à diverses reprises, sert encore de base aujourd'hui à notre organisation municipale.

Sous l'empire de cette nouvelle organisation, le Conseil de la commune de Saint-Cyr prit certaines résolutions que nous résumons dans les notes complémentaires qui suivent.

Ces notes comprennent, en outre des résolutions du Conseil, l'énumération, dans l'ordre chronologique, de faits importants se rattachant soit à l'histoire locale soit à l'histoire générale.

Cette nomenclature est certainement incomplète mais, nous avons dû la limiter aux seuls faits consignés dans le manuscrit de M. Rethoré et à ceux dont les éléments nous ont été fournis par de complaisants collaborateurs.

NOTES COMPLÉMENTAIRES

10 Juillet 1791

L'assemblée du district de Rozoy nomme Laniel, curé de Saint-Cyr à la majorité de 57 suffrages sur 58 votants. Laniel était précédemment vicaire de la paroisse de Coulommiers.

11 Juillet 1791

Les officiers municipaux, élus en vertu de la loi du 23 décembre 1789 sont Boin, maire, Parnot, procureur, G. Brochet, Louis Barras, Antoine Vervoit père, Bachelier et Couvreur.

Ils décident que Boin et Bataille seront parrains des deux cloches que l'on avait fait fondre.

Un scrutin secret a lieu pour la désignation des marraines des deux cloches.

Les noms qui sortent sont ceux de : Cir-Jeanne-Marguerite, femme d'Antoine, Nicolas Leroux et de Juliette Pierre Geneviève, femme de Nicolas Masson, en conséquence il est décidé que la première cloche s'appellera Cir Jeanne Marguerite et la seconde Juliette Pierre Geneviève.

Le maire annonce l'élection de Jean Baptiste Germain Laniel, en qualité de curé de Saint-Cyr. Lecture est faite de l'investiture canonique conférée audit Laniel, par Thuin, évèque de Meaux. Réception du serment constitutionnel de Laniel.

24 Juillet 1791

L'assemblée des notables et des habitants reçoit comme vicaire de Saint-Cyr Denis Eustache Rassicod, choisi par Laniel pour remplacer François Galet, qui a refusé de prêter serment. Denis-Eustache Rassicod, en présence de l'assemblée des notables, prête le serment constitutionnel dans les termes suivants :

« Je jure de veiller avec soin aux fonctions de ma charge de vicaire, d'être « fidèle à la Nation, à la Loi et au Roi et de maintenir de tout mon pouvoir la « Constitution décrétée par l'Assemblée Nationale et acceptée par le Roi. »

7 Août 1791

Démission de Germain Brochet, laboureur, demeurant à Montguichet, des fonctions d'officier municipal. Bataille, premier notable, remplace Germain Brochet.

Entente avec Martin Tortez, fondeur, pour la refonte des deux petites cloches de Saint-Cyr, moyennant 40 livres.

Réception de six fusils de munition demandés au district de Rozoy, soit pour la garde nationrle, soit pour des patrouilles destinées à la conservation des récoltes.

11 Août 1791

Les cloches sont pesées en présence du conseil municipal. Le poids de la grosse cloche est de 1358 livres et celui de la petite 974 livres.

15 Août 1791

Le Conseil de la commune nomme Beignier comme receveur des contributions de la commune (1).

4 octobre 1791

Un vol avec effraction est constaté dans l'église de St-Cyr, les objets suivan ts ont disparu : ciboire, calice, vases, croix, linge d'autel, Le tabernacle a été profané. Les hosties jetées par les voleurs sont retrouvées sur le pont du Morin et sur le chemin. L'émotion est très grande dans la population.

9 Octobre 1791

Vente de peupliers se trouvant sur les biens de la Fabrique pour le prix de 214 livres.

16 Octobre 1791

Le sieur Sergent, commissaire nommé par le district, comparait devant le conseil qui lui demande d'activer la formation des sections et la confection de la matrice du rôle des contributions après évaluation du revenu de chaque propriété. Le Conseil décide que Pierre Beignier, greffier, coopèrera à ce travail avec Sergent.

6 Novembre 1791

Nomination d'un marguillier en second, remplaçant celui ayant occupé ces fonctions jusqu'à ce jour et qui a été élevé à la dignité de marguillier en premier (2).

---

(1) L'emploi de receveur était à cette époque adjugé. Généralement les soumissions portaient deux sols environ de remise sur le montant de la contribution reçue.

(2) En raison de la constitution civile du clergé, l'église se trouvait à cette époque, séparée de l'Etat. Le Culte était rémunéré par la Commune et par suite tout conflit était évité entre le pouvoir spirituel et le pouvoir temporel.

13 Novembre 1791

Les citoyens actifs de la Commune s'assemblent dans l'église pour procéder à l'élection d'un président, d'un secrétaire et des divers membres devant composer le Conseil général de la commune. Quatre-vingt-deux citoyens sont présents. J. P. Boin, est élu président par 78 suffrages ; puis Pierre Beignier, est nommé secrétaire. L'assemblée se sépare vers onze heures et reprend la séance après midi pour nommer au scrutin de liste les officiers municipaux. Nicolas Paris, est élu maire, puis Alexis Beignier, procureur de la commune.

20 Novembre 1791

L'ancienne municipalité rend ses comptes devant la nouvelle et indique notamment l'emploi de 32 livres provenant d'amendes qui devaient servir à payer diverses menues dépenses.

11 Décembre 1791

Parnot, maire, et en même temps marguillier rend compte des deniers dont il a été chargé durant l'année écoulée (1).

La recette s'est élevée à 589 livres 8 sous et 6 deniers et la dépense à 591 livres 8 sous et 3 deniers.

18 Décembre 1791

On affiche la vente définitive des bois du Choisel, de la Récompense et Rigault dépendants de l'abbaye de Jouare, ces bois ayant été déclarés bien nationaux.

2 Janvier 1792

Pour se conformer à la loi, plusieurs habitants offrent de payer la patente et demandent qu'il soit fait une estimation de leur demeure.

3 Janvier 1792

Les officiers et les notables de la Commune s'assemblent au son de la cloche et prennent les délibérations suivantes :

1º Les bancs de l'Eglise seront cédés viagèrement par voie d'enchères ;

2º La grille de la chapelle de la Vierge sera abaissée ;

3º Les trottoirs de la Grande Rue étant généralement trop larges, et leur disposition causant des accidents, les propriétaires seront tenus de faire les travaux nécessaires pour les restreindre à 4 pieds.

Mars 1792

La recette des contributions est adjugée au rabais ainsi que le blanchissage du linge de l'Eglise et le nettoyage des cuivres de cet édifice.

Nomination d'un garde-vert, (garde champêtre).

---

(1) Il est probable que cette comptabilité s'applique à l'Eglise et qu'il s'agit d'un compte de Fabrique.

21 Mars 1792

Les citoyens actifs de Saint-Ouen se présentent devant le Conseil général de la commune et demandent à être incorporés dans les compagnies de la Garde nationale formée par les citoyens de Saint-Cyr. Leur demande est accueillie favorablement.

22 Mars 1792

Les officiers et sous-officiers des quatre compagnies de Saint-Cyr sont nommés au scrutin par les gardes nationaux : Germain Brochet est élu capitaine de la première compagnie.

19 Avril 1792

Un inventaire est fait des grains en terre et de ceux qui se trouvent dans les greniers. Cet inventaire doit être envoyé au district de Rozoy.

27 Mai 1792

Le maire demande à Louis Walle, meunier de Saint-Cyr, communication du bail à lui fait par le duc de Montmorency, Louis Walle refuse, injurie le Maire et menace tous les habitants.

25 Août 1792

En exécution de la loi sur le recrutement, quatre volontaires se sont présentés devant la municipalité : 1· François Cetnant, chirurgien à Saint-Cyr, âgé de 28 ans, qui s'engage pour trois ans à l'armée du Nord en qualité de chirurgien, avec 5 francs de solde par mois en sus de sa paye ; 2· Grandin ; 3· Berthelemy ; 4· Gayer.

Il est donné à chacun d'eux 200 livres pour leur engagement.

5 Vendémiaire an I (*26 Septembre 1792*)

Publications des lois et arrêtés destinés à engager les jeunes gens à se rendre au camp de Meaux.

16 Vendémiaire an I (*7 Octobre 1792*)

Dans l'Eglise après la messe, Laniel, curé, prête, devant le maire et les assistants, le serment de fidélité à la Constitution, à la Liberté et à l'Égalité.

23 Vendémiaire an I (*14 Octobre 1792*)

Conformément à la loi du 15 août, le maire, les officiers municipaux et les notables prêtent serment de fidélité à la Constitution, à la Liberté et à l'Égalité.

30 Vendémiaire an I (*21 Octobre 1792*)

Un arbre de la Liberté est planté en présence de la Garde nationale et des délégués des communes voisines. Cet arbre est surmonté du bonnet de la Liberté et orné de rubans tricolores dont les citoyennes ont fait présent. Des réjouissances terminent cette cérémonie pendant laquelle les cris de : Vive la Nation, Vive la Liberté, se sont fait entendre (1).

20 Brumaire an I (*10 Novembre 1792*)

Plusieurs citoyens arrêtent une voiture chargée de grains appartenant au meunier Pierre Grandin. Ils accusent celui-ci de détourner au mépris des lois et règlements, certaines quantités de blé dont la vente ne peut avoir lieu qu'au marché. Les grains arrêtés sont déposés au Greffe. La municipalité de Saint-Cyr en avise le Président du district de Rozoy et lui demande de juger Grandin dans le plus bref délai pour calmer l'exaspération du peuple, qui craint d'être affamé par les accapareurs. Quelques jours avant, des plaintes avaient été faites par plusieurs citoyens contre les laboureurs de la commune de Saint-Cyr qui ne portaient plus de blé au marché de Rebais. La municipalité s'engage à prendre les mesures nécessaires pour que les récoltes ne puissent être vendues nuitamment. De son côté, la municipalité de La Ferté réclame les sacs de blé saisis en objectant qu'ils sont destinés à l'alimentation de Paris.

27 Brumaire an I (*17 Novembre 1792*)

La réclamation faite par la municipalité de La Ferté, a été justifiée et, par suite d'un arrêté du district de Rozoy, le blé a été rendu à Pierre Grandin.

7 Frimaire an I (*27 Novembre 1792*)

Les officiers municipaux autorisent Nicolas Masson à payer un acompte de 300 livres sur la somme due à Tortez, pour la refonte qu'il a faite de deux cloches. Ils décident que le surplus lui sera réglé en septembre 1793.

18 Frimaire an I (*8 Décembre 1792*)

Nicolas Masson, marguillier rend compte du mouvement des fonds mis à sa disposition pendant l'année 1792.

Les recettes se sont élevées à 923 livres 8 sous 3 deniers et les dépenses à 893 livres 19 sous.

19 Frimaire an I (*9 Décembre 1792*)

Les habitants se réunissent dans l'Eglise en assemblée générale, sous la présidence de Laniel, curé, pour élire les membres de la municipalité. Nicolas Lange de Courcelles-La-Roue, est nommé maire.

20 Frimaire an I (*10 Décembre 1792*)

Le nouveau Conseil se réunit et, à l'unanimité, Laniel, curé, est nommé greffier-rédacteur de l'Etat-Civil.

---

(1) Cette cérémonie devait prouver l'attachement de tous à la Loi et à la Liberté. Dans cette délibération, qui d'ailleurs n'a été signée par personne, le mot de République n'est pas prononcé !

26 Frimaire an I (*16 Décembre 1792*)

Les dépenses faites par l'ancienne municipalité s'élevaient à 98 livres pour les frais communaux. La nouvelle municipalité ne veut pas se reconnaître responsable d'une somme de 530 livres payée aux engagés volontaires prétendant que ceux-ci devaient servir gratuitement.

28 Frimaire an I (*18 Décembre 1792*)

La municipalité, chargée de régir les biens de la Fabrique, désigne un administrateur pour ces fonctions.

3 Nivôse an I (*23 Décembre 1792*)

Conformément à un arrêté du district rendu en vue de procurer du travail aux indigents, plusieurs ateliers communaux sont créés.

7 Nivôse an I (*27 Décembre 1792*)

La confection des bancs de l'Eglise est adjugée sur enchères au prix de 4 livres 5 sous par place de 18 pouces. Le banc du Duc de Montmorency est supprimé.

25 Ventôse an I (*15 Mars 1793*)

En vertu de la loi sur le recrutement de Février 1793, le contingent de St-Cyr est fixé à 23 hommes. Vingt deux citoyens se sont présentés volontairement ; leur âge varie entre 18 et 34 ans, le vingt-troisième a été tiré au sort par Germain Brochet commandant de la Garde Nationale.

27 Ventôse an I (*17 Mars 1793*)

Lange, maire, et de Lagrange, Procureur de la Commune ayant donné leur démission, les habitants se réunissent dans l'Eglise pour procéder à de nouvelles élections. Coquelin est élu maire, et Jaunet Procureur de la Commune.

25 Germinal an I (*14 Avril 1793*)

La perception de la Commune est adjugée après enchères à Pierre Beignier à raison de 7 deniers par livre.

Messidor an II (*Juin 1794*)

La municipalité inscrit sur ses registres la loi du 8 Messidor an II ainsi conçue :

La Convention Nationale décrète ce qui suit:

Article Premier. — La conservation de la récolte actuelle, en tout genre de grains et de fourrages est remise sous la surveillance et confiée au patriotisme de tous les citoyens.

Art. II. — Les grains de toute nature et les fourrages de la présente récolte, sont soumis à la réquisition du gouvernement pour les besoins de toute la République et des armées.

Art. III. — Il sera fait après la récolte un recensement général de tous les grains et fourrages qui pourront se trouver dans les communes.

Art. IV. — Tout citoyen sera tenu de faire, à la municipalité de sa commune une déclaration détaillée du produit de ses différentes récoltes aux époques des 20 thermidor et 20 vendémiaire.

Art. V. — Il sera ouvert, pour cet objet dans chaque commune aussitôt la publication de la loi, un registre qui sera destiné à recevoir les déclarations des citoyens, leurs noms et la quantité des diverses espèces de grains et fourrages qu'ils auront récoltés.

Art. VI. — Les déclarations seront lues dans une assemblée des citoyens convoqués à cet effet, le premier décadi qui suivra la clôture du registre.

Art. VII. — Le conseil général de la commune nommera deux membres pris dans son sein, chargés de vérifier les déclarations qu'il soupçonnera être évidemment frauduleuses.

Art. VIII. — Celui dont la déclaration sera trouvée évidemment fausse sera puni par la confiscation au profit de la République, de ce qu'il n'aura pas déclaré. Le juge de paix du canton prononcera la peine et le cas où elle doit être appliquée. Le jugement sera affiché pendant trois décades au lieu des séances de la commune.

Art. IX. — Tout cultivateur sera obligé de faire battre une partie de ses grains pendant la récolte, pour l'approvisionnement des marchés des citoyens des communes, et pour satisfaire aux réquisitions qui pourraient être faites pour les besoins des armées,

Art. X. — Le tableau qui contiendra le recensement des grains et fourrages de chaque commune sera adressé, sans délai, au district, qui le fera parvenir de suite à la commission du commerce et des approvisionnements.

Art. XI. — Les lois concernant l'accaparement et l'exportation des grains hors la République demeurent dans toute leur vigueur.

Art. XII. — Les municipalités, les agents nationaux des communes et des districts sont responsables, sous peine de destitution, de l'exécution de la présente loi.

Vendémiaire an III (*Septembre 1794*)

Conformément à la loi du 8 Messidor an II, il est procédé dans la commune de Saint-Cyr au recensement des ensemencements. Ce travail a permis d'établir le tableau suivant. (1)

DÉSIGNATION	1re qualité	2e qualité	3e qualité	TOTAUX
Froment	194 arp.	318 arp.	444 arp.	956 arp.
Seigle	»	36	»	36
Orge	»	20	»	20
Lentilles	»	26	»	26
Avoines	122	244	380	746
Vesces	»	13	»	13
Trèfles	»	15	»	15
Luzernes	»	25	»	25
Foin	185	50	208	443
Dragé	»	15	»	15
Trémois	»	98	»	98
Chanvre	26	»	»	26
Vignes	55	37	92	184
Potagers et jardins	10	»	»	10
Total de l'ensemencement	592 arp.	897 arp.	1124 arp.	2613 arp.

(1) A cette époque l'assolement par tiers était encore en usage et les terres en jachères représentaient une superficie d'environ 900 arpents.

5 Vendémiaire an III *(26 Septembre 1794)*

Expertise par Mathieu Sergent des biens de la ferme de Noisemont devenue propriété nationale et ayant appartenu au Commandeur de Maison Neuve.

Les volontaires en congé de convalescence reçoivent l'ordre de rejoindre leur régiment.

Le nom de la commune de St-Cyr est changé en celui de la Fraternité. Il est également convenu que la commune de St-Ouen prendra le nom de Bon-Accord.

Le citoyen Benoist déclare qu'il a l'intention d'ouvrir une école à St-Cyr et d'y apprendre à lire, à écrire, ainsi que la morale républicaine.

12 Vendémiaire an III *(3 octobre 1794)*

Inventaire des bois nationaux provenant du nommé Montmorency.

A la requête de Louis Walle, les officiers municipaux de la Commune de la Fraternité (Saint-Cyr) enregistrent que le dit meunier est allé chercher des blés aux magasins de Rebais pour être moulus au profit de la République. Les blés et farines doivent être chargés sur un bateau à La Ferté-sous-Jouarre et transportés ensuite à Paris.

Des quantités importantes d'herbe sont brûlées en vue de la production de cendres destinées à la fabrication du salpêtre.

21 Vendémiaire an III *(12 Octobre 1794)*

Les citoyens Vivien et Coquelin se présentent devant la municipalité et réclament l'insertion sur les registres de la commune de l'arrêté du comité de Sûreté Générale qui les remet en liberté. Cet arrêté est ainsi conçu :

« Vu le tableau politique des citoyens ci-dessus désignés, ouï le rapport du « citoyen Ainar, les citoyens Vivien et Coquelin, ce dernier maire de Saint-Cyr, « seront mis en liberté et les scellés apposés chez eux seront levés (1) ».

« *Signé :* Ainar, Bourdon de l'Oise, etc. »

28 Vendémiaire an III *(19 octobre 1794)*

Le district de Rozoy arrête que la commune de la Fraternité, ci-devant Saint-Cyr, fournira 40 quintaux de blé au marché de Rebais. La commune possédant 28 charrues, il est décidé que les propriétaires devront 8 boisseaux par charrue.

Brumaire an III *(Octobre 1794)*

Le Conseil général de la commune se réunit en vue de prendre les décisions concernant l'approvisionnement de Paris. Les cultivateurs fournissent le blé au prorata du nombre de charrues qu'ils possèdent.

Recensement des chevaux, juments et animaux généralement quelconques.

Brumaire an III *(Novembre 1794)*

Les cultivateurs ne s'étant pas acquittés, conformément à la loi du 19 Brumaire

(1) Coquelin était négociant, âgé de 31 ans. Il avait été incarcéré en Germinal an II à Rozoy et relaxé le 11 Vendémiaire an III.

an III, de l'obligation à laquelle ils sont tenus, concernant l'approvisionnement du marché de Rebais ; des gardes nationaux et des dragons se présentent munis de pouvoirs pour réquisitionner. Les cultivateurs ne font aucune résistance.

Réquisition de 10 voitures pour conduire des blés aux bateaux de la Ferté.

Louis Wälle continue à fabriquer de la farine pour la République.

8 Nivôse an III (*28 Décembre 1794*)

Coquelin, maire de la commune, donne sa démission.

10 Nivôse an III (*30 décembre 1794*)

La citoyenne Marie-Anne Nacquart, femme de Louis-Antoine de Chavigny est rayée de la liste des suspects.

13 Nivôse an III (*2 Janvier 1795*)

Mathurin Sergent est délégué par le district pour faire l'expertise de la ferme de la Cour de Biercy, ayant appartenu à l'émigré Montmorency dont les propriétés sont devenues biens nationaux.

14 Nivôse an III (*3 Janvier 1795*)

Le citoyen Chagnet exhibe la commission qui lui a été délivrée par l'administration du district de Rozoy en vue de faire exécuter des réparations à la ferme de Goins provenant de Barbier, condamné à mort par le tribunal révolutionnaire.

Par réquisition, 250 boisseaux de blé sont fournis dans les 24 heures par les habitants de la commune et conduits à Rebais.

Pluviôse an III (*Janvier-Février 1795*)

En vue de l'approvisionnement de Paris il est fait un recensement des grains battus et en gerbes. Les délégués munis de pouvoirs se transportent dans les fermes et font signer à chaque cultivateur une déclaration constatant les quantités qu'ils possèdent. Le battage des grains en gerbe est ensuite ordonné (1).

6 Ventôse an III (*24 Février 1795*)

Mathurin Sergent, géomètre à Rebais exhibe sa commission de délégué à l'expertise des fermes de l'Hermitière et du pavillon de Charnesseuil provenant de l'émigré Montmorency.

Ventôse an III (*Février-Mars 1795*)

Les citoyens de la commune, pour se conformer à la loi sur les cultes, déclarent choisir l'église de Saint-Cyr pour la célébration du culte catholique.

---

(1) La loi de Messidor an II permettait de prononcer des peines contre tout propriétaire ou cultivateur soumis à une réquisition et qui n'y satisfaisait pas dans les huit jours.

Germinal an III (*Mars-Avril 1795*)

Recensement des grains pour l'approvisionnement de Paris et réquisition de 54 quintaux de blé pour Rebais.

16 Germinal an III (*5 Avril 1795*)

Plusieurs habitants viennent déclarer à la Municipalité qu'ils ont demandé au sieur Boutin, ancien prêtre à Jouarre, d'accomplir pour eux les cérémonies du culte catholique. Ils ne pensent pas que leur demande soit contraire à la loi.

Sur l'ordre du district, on réquisitionne les scies, serpes, cognées, etc. pour l'abattage des bois.

La Municipalité réquisitionne 50 kilos de chanvre destiné à la confection de la corde devant faire mouvoir la cloche.

Floréal an III (*Avril 1795*)

Guttel, chirurgien, fait part de son intention d'habiter définitivement Saint-Cyr.

11 Floréal an III (*30 avril 1795*)

Des voitures sont réquisitionnées pour transporter à Rozoy les fers, fontes et foin provenant du château de Saint-Ouen.

5 Prairial an III (*24 Mai 1795*)

Boutin, prêtre de Jouarre, réclame qu'il lui soit donné acte de la demande à lui faite par les habitants de Saint-Cyr pour qu'il célèbre à leur intention les offices du culte catholique.

Le poids des calice, ciboire, patène, qui avaient été remis au district de Rozoy, était de 1 marc 5 onces 5 gros d'argent, dont un reçu conforme avait été donné à la Municipalité.

Sergent, arpenteur, fait le mesurage des terres ensemencées de la ferme de Goins, appartenant à la Nation.

Prairial an III (*Mai-Juin 1795*)

La loi de prairial relative à la liberté des cultes ayant été publiée à Saint-Cyr, François Boutin déclare que profitant du bénéfice de cette loi et s'autorisant de la demande des habitants, il a l'intention de célébrer le culte catholique dans l'église du lieu.

Messidor an III (*Juin-Juillet 1795*)

Vente aux enchères de la récolte provenant des biens de la Fabrique,

Brumaire an IV (*Octobre-Novembre 1795*)

Le citoyen Verdon, ministre du culte, ancien greffier de la Municipalité, déclare qu'il a l'intention d'accomplir les cérémonies catholiques dans l'église de Saint Cyr. De plus, il exhibe les pièces prouvant son civisme. L'autorisation qu'il sollicite lui est accordée.

Election de François Masson du Ru-de-Verou et de Pierre Beignier, le premier comme Maire et le second comme adjoint. Le nombre des votants étant insuffisant, on recommence le vote. Cette fois François Lambinet est nommé Maire (agent municipal), et Jean Vassard, adjoint.

6 Floréal an IV (*25 Avril 1796*)

Marie-Françoise Daujon, veuve Jossé, déclare être dans l'intention d'habiter Corbois et présente des pièces attestant son civisme.

5 Pluviôse an VIII (*25 Janvier 1800*)

Trois pensionnaires ecclésiastiques, anciennes religieuses de l'abbaye de Jouarre, habitent à Saint-Cyr. 1° Marie-Alexandrine Volant-Berville. 2° Elisabeth Laurent. 3° Catherine Bataille. Ces deux dernières avaient été sœurs converses.

Ventôse an VIII (*Mars 1800*)

En exécution de la loi du 28 Pluviôse an VIII (17 février 1800) les électeurs présentent une liste de notables sur laquelle l'administration départementale doit choisir les membres du conseil de la commune (1).

6 Messidor an VIII (*24 Juin 1800*)

Le conseil de la commune prend connaissance d'une lettre du sous-préfet donnant avis qu'après une bataille de dix-huit heures le premier Consul a reconquis l'Italie et qu'il a fait 8,000 prisonniers et pris 40 pièces de canon ainsi que 15 drapeaux (2).

Messidor an VIII (*Juillet-Août 1800*)

Le dernier recensement fait indique que la population de la commune est de 1321 habitants, se décomposant de la manière suivante :

Hommes	Femmes	Garçons	Filles	Défenseurs de la Patrie
274	295	356	356	40

25 Messidor an VIII (13 *Août 1800*)

Fête de la Concorde.

21 Fructidor an VIII (*8 Septembre 1800*)

L'état dressé des contributions indique les chiffres suivants :

Contributions mobilières..........Fr.	13.982 02
— personnelle............	1.847 65
Total.............	15.829 67

(1) Une loi de l'an III avait constitué le chef-lieu de canton en commune dont le conseil se composait des agents municipaux des anciennes communes du canton. En conséquence, la commune de St-Cyr passa sous la direction de l'assemblée cantonale de Rebais. Les imperfections de la loi municipale de l'an III furent en majeure partie supprimées par la loi du 28 pluviôse, an VIII, qui reconstitua les conseils municipaux sur de nouvelles bases.

(2) Cette lettre fait allusion à la bataille de Marengo gagnée le 14 Juin 1800.

2 Prairial an XI (*22 Mai 1803*)

La population est de 1,422 habitants.

On demande l'établissement de deux foires à Saint-Cyr.

Le conseil décide la construction du mur du cimetière à raison de 5 francs la toise, tout fourni.

18 Floréal an XII (*8 Mai 1804*)

Un laisser-passer est délivré à Nicolas-Cesar Profit, curé de Saint-Cyr, qui se rend à Paris, donne le signalement suivant : né à la Haute-Maison en 1746, taille 5 pieds 5 pouces.

Les conseils municipaux de Saint-Cyr et de Saint-Ouen réunis par la communauté de leurs intérêts spirituels décident 1° que le traitement de Nicolas-César Profit, curé, sera élevé à 800 francs, 2° qu'une somme de 400 francs pour l'an XIII et de 200 francs pour les années suivantes seront prises pour subvenir à l'achat des objets du culte, 3° que ces sommes seront prélevées pr portionnellement au montant des contributions foncières, personnelles, somptuaires et mobilières.

1er Brumaire an XIII (*23 Octobre 1804*)

La police des lieux publics est réglementée. La fermeture des cabarets, salles de danses, est fixée à dix heures.

11 Frimaire an XIII (*2 Décembre 1804*)

Un laisser-passer est délivré à Claude-Sulpice Picard, chirurgien à Saint-Cyr, né à Faremoutier, en 1740.

30 Août 1815

Le territoire est occupé par l'armée russe et le général de l'artillerie réquisitionne par l'intendant général une somme de 300 francs qui devra être payée dans les 24 heures. Le conseil décide que cette somme sera prélevée sur les contributions personnelles et mobilières à raison de 13 centimes par franc et qu'elle sera remise immédiatement entre les mains de Papier, receveur (1).

5 Novembre 1825

Délibération du Conseil municipal établissant à Saint-Cyr un marché sur lequel seront vendues les denrées suivantes : beurre, fromage, volaille, œufs, légumes secs et verts.

12 Septembre 1830

M. Villard de Saint-Ouen est commandant de la garde nationale Sont capitaines : Yvonnet (Claude), Rossignol (Théodore), Dejouy (Félix), Noel (Antoine). L'effectif total des compagnies est de 300 hommes pour une population de 1,375 habitants.

---

(1) Le montant des contributions personnelles était donc de 300 divisé par 0,13 soit 2,307 fr. 70 c.

4 Janvier 1837

Deuxième délibération au sujet du rétablissement du marché.

22 Mai 1839

Demande d'un nouveau plan cadastral.

1843

Sur les devis de Ladislas Gatelier, on étudie la construction de l'école et de la mairie de Saint-Cyr. Les travaux sont soumissionnés et adjugés moyennant 6,970 francs à Elie Yvonnet.

24 Octobre 1847

Le Conseil municipal approuve l'emplacement des stations du chemin de fer de Strasbourg et notamment celui de la station de la gare de la Ferté-sous-Jouarre.

2 Mai 1852

Le Conseil municipal prête serment dans les termes suivants : « Je jure obéissance à la Constitution et fidélité au Président. »

5 Décembre 1852

Insertion dans le registre des délibérations de la proclamation de l'empereur Napoléon III.

29 Novembre 1856

Projet d'établissement d'une ligne de chemin de fer entre la Ferté-sous-Jouarre et Montmirail.

7 Mai 1874

La commune reçoit une somme de 7,168 fr. 46 pour l'indemniser des réquisitions prussiennes après le mois de mai 1871.

7 Août 1879

Installation d'un bureau télégraphique à Saint-Cyr.

20 Novembre 1879

Achat d'un buste de la République.

STATISTIQUE DE LA POPULATION

RECENSEMENTS OFFICIELS

ANNÉES	NOMBRE D'HABITANTS	ANNÉES	NOMBRE D'HABITANTS	ANNÉES	NOMBRE D'HABITANTS
An VIII	1321	1846	1475	1872	1307
1802	1445	1851	1524	1881	1293
1803	1422	1856	1462	1886	1280
1836	1440	1861	1446	1891	1332
1841	1525	1866	1401		

Les 1332 habitants, qui figurent dans le tableau ci-dessus, pour l'année 1895, sont répartis comme suit dans les différents hameaux de la commune :

HAMEAUX	Habitants	HAMEAUX	Habitants
Saint-Cyr.............	347	*Report*.....	1126
Biercy-Champeaux	241	Les Petits-Montgoins.....	30
Courcelles-la-Roue.......	101	Moras	27
Monthomé.............	95	Brise-Brèche...........	27
Les Grands-Montgoins....	70	Montapeine............	24
L'Hermitière	57	Goins	21
Champtortet...........	41	Les Louvières..........	20
Charness uil	40	Noisement	18
Archet	38	Chavigny.............	11
Vorpillières	33	Les Armenats.	10
Ru-de-Veron	32	Corbois...............	9
Le Chemin...........	26	La Meresse...........	6
Le Bois-Rigault.........	5	Le Choisel	3
A reporter....	1126	TOTAL.......	1332

Parmi ces 1332 habitants on compte :

Electeurs	416
Adultes ayant plus de 16 ans	958
Hommes	480
Femmes	478
Ménages	435
Ecoliers (garçons et filles)	206
Etrangers	22

LISTE

DES MAIRES, MÉDECINS, INSTITUTEURS ET CURÉS

Maires

NOMS	ANNÉES	NOMS	ANNÉES
Boin	1791	Rossignol (Théod.-Prudent)	1831
Parnot	1791	Masson (Pierre-François)	1840
Lange (Nicolas)	1792	Gonnet (Simon)	1843
Coquelin	1793	de Baudicour (Joseph-Jacq.)	1858
Lambinet (François)	1795	Masson (Pierre-François)	1865
Rossignol (Louis-Joseph)	1800	Briffotaux (Franç. Eustac.)	1870
Leduc (Antoine-Vital)	1810	Jorand (Joseph-Alexis)	1881
Bailly (Jean-Pierre)	1814	Marteau (Henri)	1886
Rossignol (Victor-Benoist)	1815	Charpentier (Félix-Antonin)	1888
Masson (François-Nicolas)	1818		

Chirurgiens et Médecins

NOMS	ANNÉES	NOMS	ANNÉES
Legros	1708	Gourlet	»
Alexis de la Garenne	1734	Brezillon	»
Cetnan	1791	Chatelain	»
Guttel	1795	Delabarre	»
Villele	1803	Donon	1852
Picard (Sulpice)	1805	Barland	»
Monnereau	»		

Instituteurs

NOMS	ANNÉES	NOMS	ANNÉES
Bonnet (Nicolas Jacques)..	1802	Bonnet (Etienne-Marie)...	1843
Carré (Louis-Jean).......	»	Gaillet (Louis-Narcisse)...	1848
Sevin (Pierre-Alexandre)..	»	Legrand (Jules-Emile)....	1888
Bonnet (Jean-Louis)......	»	Richard (Ernest-Albert)..	1892

Curés

NOMS	ANNÉES	NOMS	ANNÉES
Letrou................	1600	Gallet (*vicaire*).........	1802
Bouquet (Jehan)........	1608	Profit (Nicolas-César)....	1803
Marteau..............	1630	Nicot................	1813
Lepieux..............	1650	Duchatellière..........	1815
Poirier...............	1653	Quicherou............	1816
Brochery..............	1678	Bouchard............	1822
Dajon................	1701	Grieu..............	1823
Coutot................	1712	Dabon...............	1824
Langlois..............	1737	Comtesse............	1825
Martin................	1747	Poumier............	1826
de Laval..............	1760	Huqué.............	1826
Laniel................	1791	Eguin..............	1870
Verdon...............	1796	Laparra.............	1895
Grieu................	1800		

RENSEIGNEMENTS TOPOGRAPHIQUES

Saint-Cyr est situé à :

9 kilomètres de Rebais.
9 — de La Ferté-sous-Jouarre,
15 — de Coulommiers.
61 — de Melun.

Les divers points du territoire de la commune de Saint-Cyr se trouvent à des altitudes très variées au dessus du niveau de la mer.

St-Cyr	est à	 68	mètres
La Raccroche	—	 69	—
Brise-Brèche	—	 62	—
Les Montgoins	—	 157	—
Monthomé	—	 172	—
Champtortet	—	 183	—
Montapeine	—	 197	—
La marche inférieure du perron de la mairie est à		 100	—

ÉTAT INDICATIF

des centimes le franc de la contribution foncière

ANNÉES	CENTIMES le franc	ANNÉES	CENTIMES le franc	ANNÉES	CENTIMES le franc
1848	39.37	1864	48.073	1880	60.0455
1849	40.513	1865	49.095	1881	60.7373
1850	37.964	1866	49.709	1882	53.884
1851	35.204	1867	49.478	1883	53.14088
1852	34.972	1868	49.117	1884	54.0703
1853	36.7714	1869	49.964	1885	56.7298
1854	38.576	1870	49.27	1886	57.9992
1855	42.281	1871	46.766	1887	58.2909
1856	41.837	1872	53.232	1888	56.1647
1857	42.402	1873	54.94	1889	57.6828
1858	46.583	1874	56.624	1890	58.38
1859	47.842	1875	56.562	1891	52.861
1860	48.251	1876	56.3899	1892	53.0499
1861	48.998	1877	57.1668	1893	52.5402
1862	46.72	1878	58.0555	1894	52.1096
1863	48.626	1879	59.3838	1895	52.2953

SAINT-CYR EN 1895

Conseil Municipal et Finances Municipales

Le Conseil Municipal comprend 12 membres qui ont à élire un maire et un adjoint.

Le budget communal s'élève à 17920 francs dont 15374 francs en recettes ordinaires et 2546 francs en recettes extraordinaires.

Les crédits affectés au budget supplémentaire dépassent 8.000 francs.

Les revenus du Bureau de bienfaisance s'élèvent à environ 1.500 francs y compris la subvention communale qui est de 850 francs.

Les ressources annuelles de la fabrique sont évaluées à 810 fr.

Mandataires représentant la Commune

St-Cyr contribue à la nomination de 2 conseillers d'arrondissement, 1 conseiller général, 1 député et 3 sénateurs.

Administration Générale

Le tableau suivant indique le siège de l'administration dont dépent la commune de St-Cyr en ce qui concerne ses relations avec les différentes autorités.

Préfecture	Melun
Sous-Préfecture	Coulommiers
Armée, (5e corps), quartier général	Orléans
Général commandant le département	Melun
Intendant militaire	Melun
Cour d'appel	Paris
Cour d'assises	Melun
Recette particulière des Finances	Coulommiers
Tribunal de 1re Instance	Melun
Justice de Paix	Rebais
Recette générale des finances	Melun
Perception	Saint-Ouen
Ingénieur en chef des Ponts-et-Chaussées	Melun
Ingénieur ordinaire des Ponts et-Chaussées	Coulommiers
Agent-Voyer	Rebais
Commandant de Gendarmerie	Melun
Lieutenant de Gendarmerie	Coulommiers

Brigadier de Gendarmerie................	Rebais
Receveur de l'Enregistement.............	Rebais
Directeur des Contributions directes......	Melun
Contrôleur (contrôle de résidence)........	Coulommiers
Directeur des Contributions indirectes....	Melun
Receveur buraliste........................	Saint-Cyr
Vérificateur des poids et mesures.........	Coulommiers
Receveur des Contributions indirectes....	Melun
Académie...............................	Paris
Inspecteur d'Académie..................	Melun
Inspecteur primaire......................	Coulommiers
Evêché..................................	Meaux
Doyenné.................................	Rebais
Curé desservant..........................	Saint-Cyr
Directeur des Postes....................	Melun
Bureau des Postes et Télégraphes........	Saint-Cyr

Routes et Chemins

Les routes et chemins traversant la commune de St-Cyr sont les suivants :

1° *Route nationale.*

N° 33 — de Paris à Châlons.

2° *Route départementale.*

N° 4 — de Pont-sur-Yonne à la Ferté-sous-Jouarre

3° *Chemins de Grande communication.*

N° 31. — de la Ferté-sous-Jouarre à Montmirail.
N° 37. — de Saint-Ouen à Chailly.
N° 68. — de Rebais à Saacy.
N° 114. — de Jouarre à Rebais.

4° — *Chemins vicinaux ordinaires.*

N° 1. — du chemin n° 68 au chemin n° 31.
N° 3. — de Saint-Cyr à Jouarre (ce chemin est à construire.)
N° 5. — de la fontaine Barbin à Moras.
N° 6. — de la route départementale n° 4 au Ru-de-Veron par les Montgoins.
N° 7. — de Biercy au Gouffre.
N° 8. — du chemin n° 31 à Biercy par Archet.
N° 9. — de Charnesseuil à la route n° 33.
N° 10. — de Goins à Saint-Cyr.
N° 11. — des Louvieres au chemin n° 6.
N° 12. — de Monthomé au chemin n° 68 par Champtortet.
N° 13. — du chemin n° 31 au chemin n° 31 par Courcelles-la-Roue.
N° 14. — du chemin n° 31 au chemin n° 37 par Saint-Cyr.
N° 15. — de Noisement à la route n° 33.
N° 16. — des Armenats au chemin n° 8.
N° 17. — des Louvières à la route n° 4.

Ecoles

La commune de St-Cyr possède 4 écoles.

A St-Cyr : 1 école de garçons et 2 écoles de filles.

Au hameau de Monthomé : une école mixte.

Voies Ferrées

La commune de St-Cyr est traversée de l'Est à l'Ouest par la ligne à voie étroite qui relie La Ferté-sous-Jouarre à Montmirail. Elle est desservie par deux stations : l'une au Gouffre près de Biercy et l'autre à St-Cyr.

Superficie de la commune

La superficie totale de la commune est de 1910 hectares se décomposant à peu près comme suit :

Surface cultivée	Terres labourables.........	1244	hectares
	Prés et pâtures............	225	—
	Vignes....................	8	—
	Bois......................	220	—
	Jardins...................	75	—
	Vergers....	60	—
Surface non cultivable	Maisons, Cours, Jardins, Routes, Places publiques, Cimetières, Ecoles, etc.	78	hectares
Superficie totale..........................		1910	hectares

Division de la Propriété

Le territoire est très morcelé, principalement sur les coteaux et les parties boisées. Il comprend 14.000 parcelles environ réparties en :

240	exploitations	possédant	moins de...	1 hectare
120	—	—	de.........	1 à 5 hectares
1	—	—	plus de.....	100 hectares

Bétail et animaux de basse-cour

L'Elevage n'est guère pratiqué dans la commune. On compte environ :

Chevaux.........	170	Moutons.........	1.000
Bœufs et Vaches.	450	Porcs......	150

Apiculture

Quelques personnes s'occupent activement d'apiculture. Le nombre des ruches atteint une centaine.

TABLE ALPHABÉTIQUE

DES PERSONNES CITÉES DANS L'OUVRAGE

C

D

E

F

G

H

Q

R

S

TABLE ALPHABÉTIQUE

des localités et des lieux-dits cités dans l'ouvrage.

Les mots en italique donnent l'orthographe actuelle (1) *des noms anciens modifiés par l'usage*

(1) Suivant l'Annuaire des Postes.

T

U

V

TABLE DES MATIÈRES

Paris. — Imp. Louis Lambert et Cie, rue Molière, 11.

www.ingramcontent.com/pod-product-compliance
Ingram Content Group UK Ltd.
Pitfield, Milton Keynes, MK11 3LW, UK
UKHW021124220726
13924UKWH00004B/1904

9 782019 673901